上市公司交叉持股关联网络研究

SHANGSHI GONGSI
JIAOCHA CHIGU
GUANLIAN WANGLUO YANJIU

常晓红 常丽红 ◎ 著

首都经济贸易大学出版社
Capital University of Economics and Business Press
·北京·

图书在版编目（CIP）数据

上市公司交叉持股关联网络研究/常晓红等著. --北京：
首都经济贸易大学出版社，2018.6
ISBN 978－7－5638－2727－5

Ⅰ.①上… Ⅱ.①常… Ⅲ.①上市公司—股份制—
研究—中国 Ⅳ.①F279.246

中国版本图书馆 CIP 数据核字（2017）第 277525 号

上市公司交叉持股关联网络研究
常晓红 常丽红 著

责任编辑	薛晓红
封面设计	砚祥志远·激光照排 TEL:010-65976003
出版发行	首都经济贸易大学出版社
地　　址	北京市朝阳区红庙（邮编 100026）
电　　话	（010）65976483　65065761　65071505（传真）
网　　址	http：//www.sjmcb.com
E - mail	publish@cueb.edu.cn
经　　销	全国新华书店
照　　排	北京砚祥志远激光照排技术有限公司
印　　刷	北京虎彩文化传播有限公司
开　　本	710 毫米×1000 毫米　1/16
字　　数	238 千字
印　　张	13.5
版　　次	2018 年 6 月第 1 版　2018 年 6 月第 1 次印刷
书　　号	ISBN 978－7－5638－2727－5/F·1520
定　　价	39.00 元

图书印装若有质量问题，本社负责调换
版权所有　侵权必究

前　言

　　交叉持股现象最早起源于战后的日本，由于其带来的风险规避效应和获取财务利益的作用，在各国有不同程度的应用，尤其在亚洲国家或地区的企业中，应用更为普遍。我国交叉持股现象出现较晚。20世纪90年代，我国市场经济还不够成熟，公司资金普遍短缺，而公司之间的交叉持股可以整合企业间的相关资源，快速地扩大资产规模，实现资本增值。因此，当时为实施国有企业股份制改革，解决国有股"一股独大"等问题，需要迅速扩大公司资产规模以实现国有企业顺利上市的目标，我国提出了地方和中央企业交叉持股的构想，希望通过交叉持股形式来逐步实现国有企业的股权多元化。由此可见，交叉持股这种特殊的股权结构是公司的一种资本运作方式和规模扩张手段。2005年，我国股权分置改革全面展开，并且随着股改的不断深入和证券市场的持续发展，我国逐步进入"全流通"时代，资本运作方式更加多样化，促进了交叉持股现象在我国的兴盛。同时，我国各种制度和经济环境的优势，尤其是2007年新会计准则等法规的执行，更是极大地推动了新一轮上市公司交叉持股的热潮。近年来，我国交叉持股上市公司的数量呈现逐年增多的趋势。

　　交叉持股作为一种特殊的股权结构形式已经引起理论界和实务界的极大关注。基于国外的研究方法，国内大量文献将上市公司视作一个独立的个体，并对公司个体的属性特征进行了检验，如持股比例、所有权性质、独立董事特征等，但公司嵌入交叉持股关联网络中的关系特征也在企业行为中发挥着重要作用。此外，随着上市公司交叉持股关系复杂性的不断增强，公司成员间的相互影响越来越密切，这使得现有研究中所采用的刻画上市公司交叉持股的变量已不能再单纯地局限于公司个体上。从网络视角来看，每家上市公司无不嵌入特定的关联网络之中，其公司策略必然受到所处关联网络的影响。可见，公司嵌入在交叉持股网络中的关系及其所处网络位置的研究有助于加深对交叉持股的理解。因此，本书基于社会网络、复杂网络相关理论，运用社会网络分析、置换检验、多元回归分析等多种分析方法，以上市公司交叉持股关联网络为研究主题，围绕交叉持股网络的结构特征及其演变、动因、效应三个方面来展开，全面研究中国上市公司交叉持股行为。

本书的研究意义可以从理论和实践两个层面来总结。从理论意义上来说，一方面，本书揭示了交叉持股关系形成和演变的动因及机理，拓展和深化了交叉持股领域的研究视野；另一方面，本书也丰富和深化了社会网络理论的研究范畴和应用领域。从实践意义上来说，本书的研究对促进我国证券市场的健康发展、防范当前证券市场的风险具有很强的指导意义；此外，本书也为监管机构完善交叉持股制度、提高监管效率和优化证券市场资源配置提供了决策依据。

本书主要的研究思路如下：首先，基于上市公司之间的交叉持股关系，构建交叉持股网络模型；其次，从结构关系的角度深入系统地分析上市公司交叉持股网络拓扑结构、凝聚结构、层级结构的特征及演变规律；再次，挖掘当前交叉持股网络结构形成和演变的动力因素；最后，探讨上市公司嵌入交叉持股网络位置的差异对公司风险规避效应的影响。

本书最终得出以下重要结论：

第一，上市公司交叉持股网络具有明显的社会网络特征。交叉持股公司嵌于持股关联网络中，其行为受到所处网络的影响，这种嵌入性特征调和了低度社会化和过度社会化的观点，所以其交叉持股行为既是自主的，同时也受到关联网络的影响。共同被持股公司拥有较多的弱联结关系，具有更大的优势，因为其接触的信息与其他被持股公司相比异质性较大，接触的资源和信息更加多元化，充当着交叉持股网络之间"桥"的功能；部分公司通过在不同公司间持股或被持股而处于信息传递网络中"结构洞"的位置，形成了信息持有优势和控制优势，能够获得大量非重复性信息，加快了异质信息的传递。

第二，上市公司交叉持股网络结构发生了明显的变化，渐趋复杂。交叉持股网络整体密度不高，公司间的持股关系具有很大的提升空间，并且网络密度先增后减；网络的平均度变化比较平稳，说明公司之间的持股关系相对比较稳定；平均路径长度缓慢降低，表明网络的传输性能和效率有所提升，但公司间交叉持股的集聚程度具有一定的波动性。同时，交叉持股网络呈现出明显的小世界特性，与具有相同数目节点和边的随机网络进行比较，发现交叉持股网络具有较小的路径长度和较大的集聚系数。并且，交叉持股网络

的无标度特性越来越明显，说明交叉持股网络是一个非均匀网络，有些公司节点的度值较大，有些公司节点的度值则较小，这些公司对交叉持股网络的稳定性和风险扩散性有着不同的影响。

第三，公司战略与财务收益作为交叉持股网络的内部动因，共同驱动着网络结构的形成和演变。股权结构越相似的上市公司，交叉持股关系越密切，交叉持股倾向于在股权集中度与股权制衡度相近的上市公司之间形成；同时，公司财务收益越接近的上市公司，交叉持股关系越密切，交叉持股倾向于在公司发展能力和盈利能力相近的上市公司之间形成。

第四，上市公司交叉持股网络中心性对公司风险规避效应影响显著。公司占据交叉持股网络越中心的位置，公司抵御风险的能力越强，进而越能发挥公司的风险规避效应。从整体上来看，交叉持股网络中心性与风险规避效应的关系不会受公司所有权性质的显著影响，但在具体区分不同地区的市场发育水平之后可以发现，公司所有权性质对网络中心性与风险规避效应关系的影响会因公司所在地区市场发育程度的不同而有所差异：市场发育程度较高的地区，国有上市公司在交叉持股网络中的风险规避效应会被削弱；而在市场发育程度较低的地区，所有权性质对网络中心性与公司风险规避效应的影响并不明显。这意味着，上市公司在交叉持股网络中的位置是公司治理结构的重要特征，能够对上市公司的战略决策和治理效应产生重要影响，其作用的发挥虽不受公司所有权性质的影响，但会在一定程度上依赖于公司所在地区的市场发育程度。

近年来，关于上市公司交叉持股及其影响的问题已成为国内学者关注和研究的焦点，本书在研究思路的系统性、研究视角的新颖性、研究方法的互补性、研究问题的深入性以及研究手段的多样性方面，为已有研究提供了新的视角、证据和结论。具体而言，本书的学术价值主要在于：

（1）刻画了上市公司因交叉持股而建立的网络形态。本书基于社会网络、复杂网络理论，从关系结构的视角构建上市公司交叉持股关联网络模型，深入分析交叉持股网络结构特征及演变规律问题，丰富和拓展了现有交叉持股的研究成果。

（2）揭示了交叉持股网络形成与演变的动力因素及作用强度。本书结合中国资本市场的特殊制度背景，在分析交叉持股网络演变的驱动因素基础上，对交叉持股网络的内部动因进行相关判定，揭示了公司股权结构与财务收益

在持股关系演变过程中的作用机理。

（3）检验了上市公司在交叉持股网络中的位置差异对风险规避效应的影响。目前，国内学者研究交叉持股重点关注公司的个体属性，本书立足于中国资本市场的经验数据，系统地考察交叉持股关联网络的效应，并结合公司所有权性质和地区市场发育程度，通过采用不同的模型工具，实证检验交叉持股网络的风险规避效应。

前言

摘 要

交叉持股作为一种特殊的股权结构形式,一直受到国内外学者的关注,研究成果丰富。但已有的研究大多以公司个体属性为视角,基于网络的视角来分析交叉持股的研究尚不多见。本书基于上市公司之间的持股关系,通过构建交叉持股网络模型,将复杂网络、社会网络的理论和分析方法运用到交叉持股的研究中,从结构关系的角度,深入系统地分析上市公司交叉持股网络的拓扑结构、层级结构的特征及演化规律,探讨形成当前网络结构的动因以及上市公司交叉持股网络位置特征对公司风险规避效应的影响。本书的研究一方面丰富了交叉持股的研究成果,拓展了复杂网络的应用范围;另一方面从实践角度可以确定我国上市公司交叉持股网络优化和控制的关键节点,为监管部门和公司管理实践提供了科学的决策依据。

本书基于复杂网络理论,运用社会网络分析、置换检验、多元回归分析等多种分析方法,以国泰安数据库和证券时报网站的相关披露信息为基础,以上市公司交叉持股网络结构为研究主线,围绕中国上市公司交叉持股网络的结构特征、网络效应、演化规律、动力因素来展开,揭示交叉持股网络形成、演变的基本规律及其内在机理。

本书主要的研究内容和结论归纳如下:

(1) 上市公司交叉持股网络结构特征与演化研究。第一,以上市公司间的交叉持股关系为基础,构建了公司层面的交叉持股网络,以刻画中国上市公司因持股关系而建立的企业间网络的形态;第二,度量交叉持股网络的拓扑结构特性,分析上市公司交叉持股网络结构的特征与演化规律。研究发现:网络整体密度不高,呈现先增后减的变化趋势;网络的平均度变化比较平稳;网络的平均路径长度缓慢降低,其传输性能和效率有所提升,但公司间交叉持股的集聚程度具有一定的波动性;交叉持股网络具有较小的路径长度和较大的集聚系数,具有明显的小世界网络特性;无标度特性越来越明显,是一个非均匀网络,公司对交叉持股网络的稳定性和风险扩散性的影响存在差异。

(2) 基于交叉持股的区域投资网络结构特征与演化研究。第一,将上市公司按其所在省份进行划分,以上市公司间的交叉持股关系为基础,构建区域投资网络;第二,动态、可视化地展现和分析我国基于交叉持股关系的区域投资网络结构特征与演变过程。研究发现:我国区域投资网络功能正在逐步改善,揭示了我国省域间上市公司持股投资联系密切;各省份组团特征明显,各子群间、子群内持股投资联系程度不断增加,但子群内部省域间的联系更加密切;省域间上市公司持股投资格局的极化作用逐渐减弱,向匀质化阶段发展,核心区域内投资联系密度逐渐减小,边缘区内部、边缘区与核心区的投资联系发展迅速,省域间的投资联系正向协调、均衡方向发展。

(3) 交叉持股网络形成与演化的动因分析。第一,分析了交叉持股网络形成和演化的驱动因素,明确公司战略与公司财务需要、获取投资收益是推动交叉持股网络演化的关键。第二,提出交叉持股网络演化的内部动力因素作用机理假设。H6-1:公司治理结构越接近的上市公司,交叉持股关系越密切,即交叉持股倾向于在治理结构相近的公司间形成;H6-2:公司财务收益越接近的上市公司,交叉持股关系越密切,即交叉持股倾向于在财务收益相似的公司间形成。第三,借助社会网络分析方法中的 Moran's I 指数和 Geary's C 指数,并以 2013 年沪深 300 指数中涉及交叉持股关系的上市公司为样本,对交叉持股网络与内部动因的关系进行判定,验证了 H6-1 和 H6-2 的假设。

(4) 交叉持股网络对上市公司风险规避效应的影响。第一,借助社会网络分析中的位置特征,利用中心性指标衡量各上市公司在交叉持股网络中的位置。第二,构建多元回归模型,以 2007—2012 年沪深 300 指数中涉及交叉持股行为的上市公司为样本,考察网络位置的差异对公司风险规避效应的影响。研究发现,公司占据交叉持股网络越中心的位置,公司抵御风险的能力越强。从整体上来看,交叉持股网络中心性与公司风险规避效应的关系不会被公司所有权性质显著影响,但在具体区分不同的地区市场发育水平之后,公司所有权性质对网络中心性与风险规避效应关系的影响会因市场中介组织的发育程度而有所差异:市场发育程度较高的地区,国有上市公司在交叉持股网络中的风险规避效应会被削弱;而在市场发育程度较低的地区,所有权性质对网络中心性与公司风险规避效应的影响不显著。

关键字:交叉持股;复杂网络;拓扑结构;动因;风险系数

Abstract

Cross – shareholding is a special form of ownership structure, which has drawn attention from scholars. This area has witnessed fruitful achievements. However, most of existing studies are conducted from the perspective of the individual attribute of companies. Few studies have been done on the cross – shareholding of listed firms from the network perspective. Through an in – depth analysis of the features and evolutionary trend of the topological structure, and hierarchical organization of cross – shareholding, from the perspective of structuralism, this paper constructs the cross – shareholding network model of listed companies to explore the motivations of the existing network structure and the influence of network position of listed companies on effect of risk avoidance. On one hand, this paper can enrich the research about cross – shareholding, and expend the application scope of complex network. On the other hand, this paper can determine the key nodes of optimization and control in cross – shareholding network of listed firms, and offer scientific decision – making references for management authorities and companies.

This paper adopt social network analysis and Multiple regression analysis by using such computer software as SPSS and UCINET, and based on CSMAR and statistics published by securities website, conducts a systematic research on structural features, evolution, motivations, and effect of Chinese listed company cross – shareholding network, exploring the basic rules of its establishment and evolution and its inherent mechanism.

The main study contents and conclusions are as follows:

(1) Research on structure characteristics and evolution of listed firms' cross – shareholding network. First, this paper depicts the network morphology of firms which establish ties through cross – shareholding. Second, this study analyzes cross – shareholding network structure characteristics and evolution law by measuring topological structure. The study found that the network density is not high, the

network average degree changes smoothly, the average path length slowly lower, but the clustering coefficient has certain volatility. Chinese cross – shareholding network of listed firms is a typical " small – world " network, which experiences homogenization stage. And the scale – free property of cross – shareholding network has more and more obvious, so the network is uneven, listed firms embedded in the cross – shareholding network have the influence on stability and risk spreading of network is different.

(2) Research on structure characteristics and evolution of Chinese regional investment network. First, the listed companies are divided by their locations at provincial level in this paper, and contract Chinese regional investment network based on listed firms cross – shareholding. Second, this study analyzes Chinese regional investment network structure characteristics and evolution law by depicting the network morphology. The study found that China's regional investment network function is gradually improving, and the connection of cross – shareholding frequent between listed firms of provinces. Geographical adjacent provinces have more contact and easy to form subgroup after competition and recombination. Contact densities keep increasing both in subgroup and inter subgroup, but provinces contact in subgroup is more than inter subgroup. The polarization effect of regional spatial pattern is gradually weakened, which experiences homogenization stage, the contact density decreases in the core area, the contact density of edge area inside, edge area and core area is gradually increasing, so the regional investment is developing coordinated and balanced.

(3) Research on motivations of the existing network structure. First, the motivations factors of cross – shareholding network evolution are analyzed; with the result of that company strategy and finance are the main internal factors driving the network form and evolution. Then, under the motive model of the evolution of cross – shareholding network, two hypotheses are presented. H1: cross – shareholding tends to form in companies of similar corporate governance structure; H2: cross – shareholding tends to form in companies of similar financial performance. Third, by using Moran's I Index and Geary's C Index, taking the cross – shareholding CSI300 listed firms in 2013 as research samples, and the hypotheses of H1 and H2 are

Abstract

verified. The study found that Ownership Concentration, Herfindal Index, Company Scale and Company Finance of firms have the characteristics of autocorrelation, and listed companies are more likely share holding with the firms that company strategy and company finance similar, but the management share – holding rate has little influence on cross – shareholding of the company.

(4) Research on the influence of network position of cross – shareholding on effect of risk avoidance. First, this paper use centrality to measure cross – shareholding network location of listed firms by the method of social network analysis. Second, by constructing multiple regressions model, taking the cross – shareholding CSI300 listed firms from 2007 to 2012 as research samples, this paper examines the impact of network location of listed firms embedded in the cross – shareholding network on effect of risk avoidance. The study found that the network centrality of cross – shareholding network is negatively related to the likelihood of firm market risk. Furthermore, the results also suggest that on the whole, cross – shareholding network centricity will not be significant impact on risk avoid effect of companies, but the risk avoid effect of network centrality location could weaken in the sate – owned listed firms under areas which market more mature.

KeyWords: Cross – shareholding, Complex Network, Topological Structure, Motivations, Risk Coefficient

目 录

第一章　绪论 ··· 1
　第一节　研究背景与意义 ·· 3
　第二节　研究内容与方法 ·· 6
　第三节　创新要点 ··· 10

第二章　国内外研究综述 ··· 13
　第一节　交叉持股研究 ·· 15
　第二节　网络研究 ··· 22
　第三节　网络在金融研究中的应用 ···································· 32
　第四节　研究现状评述 ·· 36

第三章　理论基础与制度背景 ··· 39
　第一节　理论基础 ··· 41
　第二节　制度背景 ··· 64
　第三节　本章小结 ··· 69

第四章　交叉持股网络的基本概念与特征分析 ···················· 71
　第一节　交叉持股的内涵 ··· 73
　第二节　我国上市公司交叉持股的现状特征分析 ················· 75
　第三节　交叉持股网络的概念界定 ···································· 80
　第四节　交叉持股网络的社会网络特征分析 ······················· 81
　第五节　本章小结 ··· 85

第五章　交叉持股网络结构特征及演变分析 ······················· 87
　第一节　交叉持股网络构建 ·· 89
　第二节　交叉持股网络演变过程 ······································· 90

　第三节　交叉持股网络的拓扑结构及演变分析 …………………… 93
　第四节　基于交叉持股的区域投资网络演变分析 …………………… 108
　第五节　本章小结 …………………………………………………… 126

第六章　交叉持股网络演变的动因分析 ………………………………… 129
　第一节　交叉持股网络结构演变的动因分析 ………………………… 131
　第二节　交叉持股网络演变动因的研究假设 ………………………… 135
　第三节　交叉持股网络演变动因的研究方法 ………………………… 136
　第四节　交叉持股网络与内部动因关系的判定 ……………………… 139
　第五节　本章小结 …………………………………………………… 144

第七章　交叉持股网络的风险规避效应 ………………………………… 147
　第一节　交叉持股的效应分析 ………………………………………… 149
　第二节　交叉持股网络与风险规避效应的关系 ……………………… 157
　第三节　本章小结 …………………………………………………… 170

第八章　结论与展望 ……………………………………………………… 171
　第一节　研究结论 …………………………………………………… 173
　第二节　政策建议 …………………………………………………… 175
　第三节　研究展望 …………………………………………………… 180

参考文献 ………………………………………………………………… 182

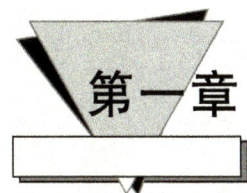

绪 论

第一节 研究背景与意义

一、研究背景

随着资本市场的持续发展,上市公司为适应市场经济的发展,其股权结构也变得愈加复杂。上市公司通过相互持有对方股份而形成交叉持股,这作为一种特殊的股权结构形式应运而生,它的出现是市场经济发展的必然产物,并在资本市场普遍存在。实质上,交叉持股是公司的一种资本运作方式和规模扩张手段。

交叉持股现象最早起源于战后的日本,由于其风险规避的效应和获取财务利益的作用,20世纪中期以来逐渐盛行于日本企业中,尤其在金融行业更为集中,其目的在于防止兼并和获取财务收益,为战后日本经济的崛起做出了贡献。我国交叉持股现象出现较晚。20世纪90年代,我国市场经济的发展还不够成熟,公司资金普遍短缺,而公司之间的交叉持股关系可以整合企业间的相关资源,快速扩大资产规模,实现资本增值。因此,当时为实施国有企业股份改革,解决国有股"一股独大"等问题,需要迅速扩大公司资产规模,以实现国有企业顺利上市的目标,进而逐步实现国有企业的股权多元化(冉明东,2011),于是我国提出了地方和中央的企业可以交叉持股的构想。自1998年我国第一个上市公司交叉持股案——广发证券与辽宁成大互为对方第二大股东以来,我国交叉持股上市公司的数量呈逐年增多的趋势。根据国泰安(CSMAR)数据库、证券时报网站所发布的信息数据,2007—2013年,我国交叉持股公司数量的统计如图1-1所示。截至2013年年底,我国沪深两市A股市场具有交叉持股行为的公司共有523家,占上市公司总数的19.72%,涉及了几乎所有的行业。

2005年,我国股权分置改革全面展开,并且随着股改的不断深入和证券市场的持续发展,我国逐步进入了"全流通"时代,资本运作方式更加多样化,促成了交叉持股在我国的兴盛。同时,我国各种制度和经济环境的优势,尤其是2007年新会计准则等法规的执行,更是极大地推动了新一轮的上市公司交叉持股热潮。由此可见,交叉持股模式在我国资本市场中已成为一种常见的资本运作方式和公司扩张手段。上市公司之间通过交叉持股,能够相互合作并结成联盟，从而实现资本的联合与集中，提高公司生产经营活动的效率和资本的使用效率。

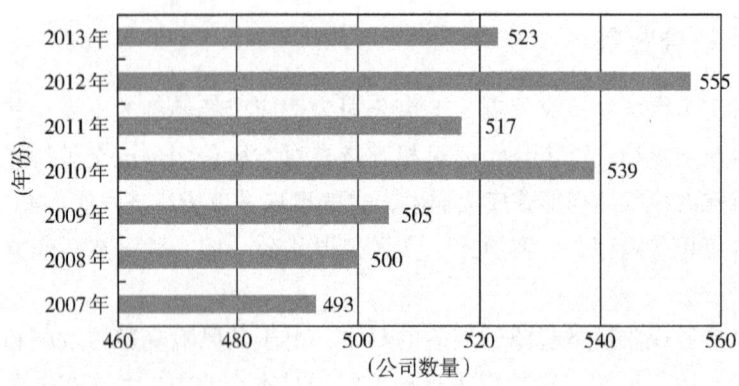

图 1-1　2007—2013 年中国交叉持股上市公司数量统计（单位：家）
资料来源：根据证券时报网站相关数据整理。

然而，任何事物都具有正反两方面的属性，交叉持股同样也会产生正反两方面的作用。如果对交叉持股的管制和运用不当，会产生一系列的弊端，例如内部人控制、内幕交易等问题。20 世纪 90 年代开始，日本经济呈现衰退迹象。交叉持股在促进日本经济繁荣发展的同时，也造成了股市的泡沫，甚至危害到实体经济的健康运行，成为日本由战后经济高速发展进入长期衰退的重要原因。在 2008 年美国次贷危机引致的全球性危机中，我国上市公司交叉持股的消极作用也逐渐开始显露。交叉持股产生的连环经济效应使危机通过互相持股不断地传播，甚至扩散至整个金融市场，引发经济危机。由此可见，交叉持股是一把双刃剑，引导合理规范的交叉持股行为，促使其优势发挥，降低或消除其弊端的危害，避免上市公司之间的非理性交叉持股十分必要。

目前，交叉持股已引起了我国学者、政府以及公司管理层等各方的关注，但我国的交叉持股现象近几年才普遍存在，相对于德、日等国家来说出现较晚，并且我国与其他国家的经济背景存在很大差异，因此上市公司间的交叉持股关系对我国企业、市场以及宏观经济的影响可能呈现出差异性和多样性。因此，积极探索研究我国上市公司之间的交叉持股关系及其引发的经济后果，对促进公司乃至整个证券市场的健康发展都至关重要。随着上市公司交叉持股关系复杂性的不断增强，交叉持股的研究已不能再单纯地局限于公司个体，公司嵌入网络中的关系及其结构更有助于加深对交叉持股的理解。如此便要求探索适应交叉持股研究的新理论、新方法和新视角。

基于以上背景，本书运用复杂网络和社会网络的分析方法，从网络这一独特视角刻画公司和区域两个层面中国上市公司交叉持股网络的形态，研究其结构和演变过程，及其形成和演变的动力因素，实证考察交叉持股的网络位置特征如何影响上市公司市场风险的抵御。

二、研究意义

1. 理论意义

（1）以全新的视角研究了上市公司交叉持股行为。本书运用复杂网络的分析方法，从网络这一独特视角出发，围绕持股关系网络结构演变这一核心，从公司层面分析上市公司交叉持股网络拓扑结构上的特征和演变规律；并且将上市公司按其所在省份进行划分，从区域层面分析基于交叉持股的区域投资网络空间结构、凝聚结构以及层级结构上的特征与演变规律。

以网络的视角分别从公司和区域两个层面探讨上市公司交叉持股网络的结构与演化历程，可以更好地反映各公司之间相互作用、相互影响的关系，也可以确定交叉持股网络的优化和控制节点。一方面，有助于加深对交叉持股行为的理解，丰富交叉持股的研究成果，充实和拓展国内尚为薄弱的交叉持股理论。另一方面，为公司治理领域的研究提供了一种新的思路和方法，扩充了公司治理理论的研究。

（2）探讨了交叉持股网络形成与演变动因的新方法。本书将复杂网络分析，尤其是社会网络分析方法中基于置换的检验方法应用到交叉持股网络形成与演变的动力机制分析中，采用 Moran's I 指数和 Geary's C 指数，从公司战略动因指标和公司财务需要、获取投资收益动因等出发，分析公司战略和财务等属性差异对持股关系和网络结构的影响，解决了节点公司属性的差异与交叉持股网络的关联性问题。

（3）丰富了社会网络的研究和应用领域。本书以上市公司交叉持股网络结构为基础，使用中心性指标衡量上市公司在交叉持股网络中的位置特征，客观地分析上市公司在网络中的位置特征对规避公司市场风险的影响，弥补了以往公司财务行为研究中以关注公司个体为主要观测点的局限，充分考虑了嵌入网络中公司之间相关依赖、相互制约的关系，同时将社会网络应用于交叉持股研究中，丰富了社会网络的研究和应用领域。

2. 实践意义

（1）为上市公司交叉持股行为的规范和完善提供了参考。针对我国现阶段股权分置改革的不断深入和资本市场持续发展的经济背景，研究交叉持股网络的结构和演变过程，可以确定网络优化和控制的关键节点，为公司持股关系和公司治理决策提供理论依据和决策参考，引导和规范上市公司交叉持股行为，提高公司间合作的协调性，从而促进上市公司乃至整个资本市场的健康发展。

（2）为上市公司市场风险的规避提供参考。上市公司为实现经营战略目标，提高公司整体绩效，需要规避公司的市场风险，通过研究上市公司交叉持股网络中位置的差别对公司市场风险抵御能力的影响，有助于深化上市公司对市场风险抵御效应的认识。

（3）为监管机构完善交叉持股制度、提高监管效率提供决策依据。与国外相对成熟的资本市场相比，中国资本市场中的交叉持股实践相对较晚，在上市公司的融资实践中逐渐暴露出一些制度性缺陷。如何进一步完善交叉持股的相关规定，规范上市公司的持股、参股行为，成为监管机构需着力解决的迫切问题。本书通过客观考察上市公司交叉持股行为演变的过程以及演变的动因和效应，一方面为监管机构完善现有交叉持股相关法律提供启示；另一方面也为监管机构强化上市公司信息披露、防止上市公司通过交叉持股进行内幕交易、切实维护中小投资者的合法权益提供决策参考。

第二节 研究内容与方法

一、研究内容

本书主要从网络的视角来研究上市公司交叉持股的相关问题，通过构建交叉持股网络模型，深入系统地分析上市公司交叉持股在拓扑结构、凝聚结构、层级结构上的特征及演变，挖掘形成当前网络结构的动力因素，并考察网络位置的差别对公司风险规避效应的影响。本书各章研究内容如下。

第一章：绪论。主要介绍本书的研究背景、研究的理论意义与现实意义，并提出了本书的研究内容、研究方法、技术路线以及创新要点。

第二章：国内外研究综述。主要对交叉持股研究、网络研究、网络在金融研究中的应用等相关问题进行了综述，分析了现有研究的特点和可补充之处。

第三章：理论基础与制度背景。首先，梳理了交叉持股网络的相关理论基础，包括复杂网络理论、社会网络理论、委托代理理论、代理成本理论、经济协同效应理论、信息不对称理论和关联性契约理论，从多角度为交叉持股网络的研究提供了相应的理论基础。然后，从转轨经济与新兴市场特征、股权分置改革以及证券市场监管三个方面对相关制度背景做了分析和讨论。

第四章：交叉持股网络的基本概念与特征分析。首先，明确本书研究涉及的基本概念，包括交叉持股的内涵和交叉持股的分类。其次，分析了我国交叉持股的现状特征。再次，明确了交叉持股网络的概念。最后，运用社会网络的核心理论分析了交叉持股网络的社会网络特征，包括镶嵌性特征、联结强度特征、结构洞特征。

第五章：交叉持股网络结构特征及演变分析。本章从公司和区域两个层面分别分析交叉持股网络的演化。首先，对上市公司的交叉持股网络进行构建和分析，运用复杂网络分析方法刻画了中国上市公司因交叉持股而构建的公司间的网络形态，度量交叉持股网络的密度、度和度分布、平均路径长度、集聚系数等拓扑结构特性，分析上市公司交叉持股网络拓扑结构方面的特征与演变规律。其次，对基于交叉持股的区域投资网络进行构建和分析，将上市公司按其所在省份进行划分，以上市公司间的交叉持股关系为基础，构建区域投资网络，分析区域投资网络的微观形成动因及投资特征，利用复杂网络理论及相关方法，从拓扑结构、凝聚子群、核心—边缘结构三个维度分析了基于交叉持股的区域投资网络空间结构、凝聚结构以及层级结构上的特征与演化规律。

第六章：交叉持股网络演变的动因分析。本章从交叉持股网络结构关系视角出发，着重探讨交叉持股网络演化过程中促进上市公司交叉持股关系不断演变的作用机理，借助社会网络分析方法中的 Moran's I 指数和 Geary's C 指数，基于置换的检验方法，对公司战略动因、公司财务需要动因及其下属的第一大股东持股比例等二级指标在交叉持股网络形成与演化中的影响作用进行相关判定，得出影响交叉持股网络的各种因素及其作用的强度。

第七章：交叉持股网络的风险规避效应。首先，借助社会网络分析方法，

利用中心性指标衡量各上市公司在交叉持股网络中的位置。其次，构建多元回归模型，以 2007—2012 年沪深 300 指数中涉及交叉持股行为的上市公司为样本，研究上市公司交叉持股网络位置对公司风险规避效应的影响，考察网络位置的差别对公司风险规避效应的作用机理，探讨交叉持股网络位置与所有权性质对公司风险规避效应的交互影响。

第八章：结论与展望。归纳全书的研究结论，对未来进一步的研究进行展望。

二、研究方法

针对本书需要解决的关键问题，本书运用实证分析与规范分析相结合、定性分析与定量分析相结合、系统分析与比较分析相结合的研究方法，一方面用实证的结果来验证已存在的理论，另一方面为实证的结果寻找更为合理的理论解释。在实证研究部分，主要采用社会网络分析、复杂网络分析、线性回归分析等多种方法进行研究。数据分析采用 Ucinet、Spss 处理。各主要章节采用的主要研究方法如下：

（1）社会网络分析。社会网络理论与方法是根据图论发展起来的定性与定量相结合的研究方法，本书以社会网络相关理论为指导思想，针对交叉持股网络的社会网络特征进行挖掘。借鉴社会网络分析中的镶嵌理论、联结强度理论和结构洞理论，对交叉持股网络的关系结构及其基本统计特性进行相应的定性分析，同时为本书后续研究的定量分析提供理论基础。此外，本书还运用社会网络分析方法测度中心性指标，衡量上市公司在交叉持股网络中的位置特征。

（2）复杂网络理论与方法。复杂网络理论与方法是一种反映网络复杂性结构的数量分析方法，可以分析网络的基本特性、静态结构特性和动力学特性。本书运用复杂网络的建模方法，从公司层面和区域层面分别构建我国上市公司交叉持股网络，并研究其不同阶段的结构特征与动态演变过程；借鉴复杂网络研究中的小世界特性和无标度特性等理论与方法，分析网络的拓扑结构，并以此来解释上市公司交叉持股网络的演变过程；利用复杂网络研究中的凝聚结构、层级结构来刻画区域层面的交叉持股网络演变机制。复杂网络理论与方法为交叉持股网络研究中的动态研究和量化研究提供了新的思路和视角。

（3）点—关系混合层次假设检验方法。点—关系检验方法是用来分析点与关系的关联性的研究方法。上市公司交叉持股网络的形成与演变是"点的属性"与"点与点之间关系"的关联性过程，在探索交叉持股网络动力因素作用机理方面，点—关系混合层次的检验可以提供解决方案，研究交叉持股网络形成和演变的作用机理。

（4）线性回归分析法。线性回归分析法是用来确定两种或两种以上变量间相互依赖的定量关系的一种统计分析方法。本书通过建立回归模型，利用线性回归分析法，讨论上市公司交叉持股网络位置特征对公司风险规避效应的影响。本书选取2007—2012年沪深300指数交叉持股上市公司为样本，并结合国泰安数据库、证券时报等数据资料，利用SPSS等软件对所得数据进行实证分析。

三、技术路线

本书的基本框架如图1-2所示。

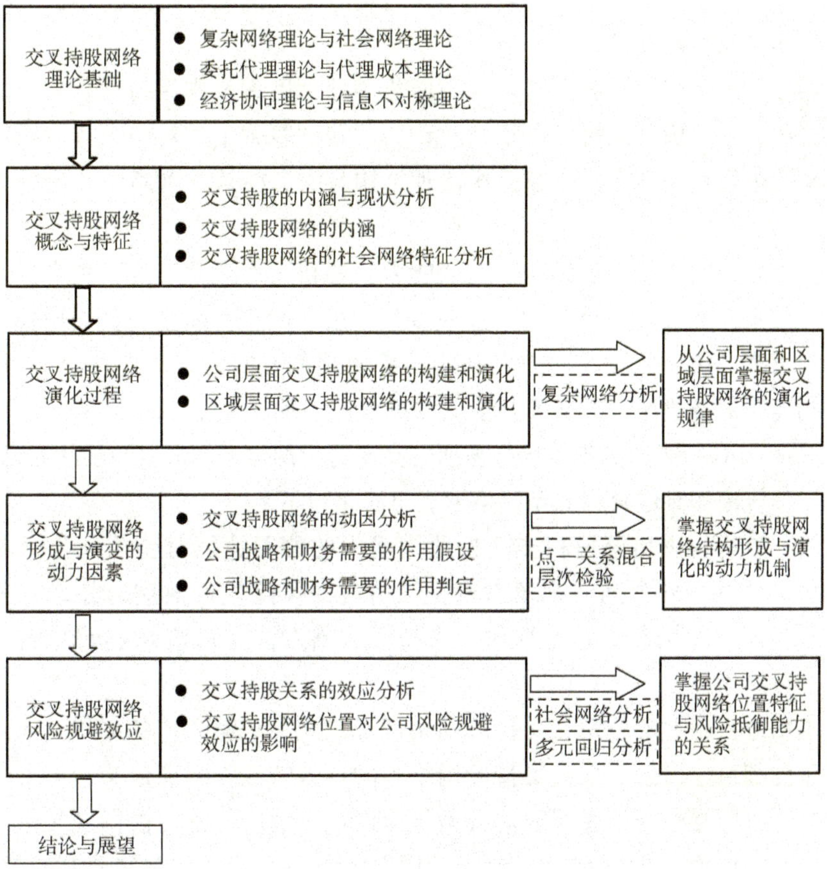

图1-2 本书的研究框架

第三节　创新要点

第一，刻画上市公司因交叉持股而建立的网络形态。基于复杂网络理论，以关系结构为视角构建上市公司交叉持股网络模型，深入分析交叉持股网络的结构特征及演化规律，丰富了现有交叉持股的研究成果。

交叉持股网络属于稀疏网，整体密度不高，并且呈现先增后减的变化趋势；网络的平均度变化比较平稳，仅在小范围内波动；网络的平均路径长度缓慢降低，网络的传输性能和效率有所提升，但公司间交叉持股的集聚程度具有一定的波动性。交叉持股网络具有明显的小世界网络特性，并且无标度特性越来越明显，是一个非均匀网络，公司对交叉持股网络的稳定性和风险扩散性的影响存在差异。

第二，揭示交叉持股网络形成与演化的动力因素及作用强度。基于置换检验方法，在分析交叉持股网络演化动力因素的基础上，对交叉持股网络与内部动因进行相关判定，研究公司治理结构与财务绩效在网络演化中的作用机理。

上市公司的公司治理结构、发展能力、盈利能力与交叉持股网络具有正自相关关系，上市公司更倾向于在股权集中度、股权制衡度、公司规模、总资产增长率、资产收益率、净资产收益率相差不大的公司间建立交叉持股，而公司高管的持股比例对交叉持股关系的影响不明显。本书采用 Moran's I 指数和 Geary's C 指数的置换检验方法研究交叉持股网络结构形成与演化的动因，弥补了传统模型难以解释关系网络形成与演化的不足。

第三，探讨上市公司在交叉持股网络中的位置特征对公司风险规避效应的影响。基于社会网络视角考察交叉持股的风险规避效应，并结合公司所有权性质、市场发育程度探讨交叉持股网络对公司风险规避效应的作用机理。

本书分析了上市公司交叉持股网络位置对风险规避效应的影响，使用中心性指标衡量上市公司在交叉持股网络中的位置特征，实证检验了上市公司在交叉持股网络中的位置特征对公司风险的规避效应：公司占据交叉持股网络越中心的位置，抵御风险的能力越强，进而越能发挥网络的风险规避效应。从整体上来看，交叉持股网络的中心性与公司风险规避效应的关系不会受公司所有权性质显著影响，但在具体区分不同地区的市场发育水平之后发现，公司所有权性质对网络中心性与风险规避效应关系的影响会因市场中介组织的发育程度而有所差异：在市场发育程度较高的地区，国有上市公司在交叉持股网络中的风险规避效应会被削弱；而在市场发育程度较低的地区，所有权性质对网络中心性与公司风险规避效应的影响并不显著。

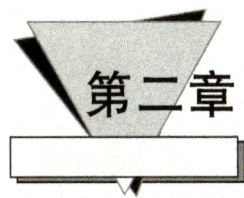

第二章

国内外研究综述

第一节　交叉持股研究

早在20世纪中期，交叉持股就已经在日本兴盛起来，国外尤其是欧美国家对交叉持股行为的关注较早，对交叉持股的研究起步也较早。相对于欧美国家，特别是德国、日本等国，公司间交叉持股在我国出现时间较短，还处于发展的初始阶段。目前，我国尚处于转型时期，交叉持股对公司治理和资本市场的影响还未充分发挥。但是近年来我国交叉持股上市公司的数量逐年增加，新会计准则的实施更是掀起了新一轮的交叉持股热潮，因此引起众多学者的关注。在国外已有研究的基础上，本书结合我国的现实国情、经济环境和市场背景，对我国交叉持股现象也展开了有益探索。虽然国内外学者围绕上市公司交叉持股问题展开了大量研究，但尚未形成一致的研究结论。本书主要从交叉持股的动机和交叉持股的效应两个方面对交叉持股问题进行研究。

一、股权结构与公司价值研究

自 Berle 和 Means（1932）首次提出"两权分离"理论以来，以委托代理理论为基础，公司的股权结构及其经济后果问题就成为公司财务领域持续研究的焦点问题之一。以 LLS（1999）、LLSV（2000）等为代表的大量学者围绕这一问题展开了富有成效的研究，其视角大体可以分为两类：一是股权结构的影响因素；二是股权结构的经济后果研究，这一视角又主要集中在股权结构对公司价值或绩效的影响。

自 Demsetz 和 Lehn（1985）等人的开创性研究以来，关于影响和决定股权结构的内生性因素和外生性因素研究受到关注，国内外学者大多从经济因素、政治基础、法律保护程度方面来展开。陈信元等（2004）认为，股权结构的内生性是所有股权结构问题的"元问题"，如果不了解股权结构的形成，便无法深入了解股权结构的一系列经济后果及其治理对策。魏明海等（2011）首先将股权结构研究的触角延伸到产权以外的其他重要因素，因为仅关注股东与公司之间的产权关系可能会对公司股权结构和代理问题产生误判；然后从横向网络及股东之间多种形式的契约出发，考察了股东关系对公司产权分布体系的影响。

股权结构对公司价值或绩效的影响主要集中在三个方面：股权集中度，控制权与现金流量权的分离度，股权制衡程度。但均未形成一致的研究结论。仅股权集中度与公司绩效或价值关系的认识，就存在无关论、正相关、负相关、倒 U 型关系、正 U 型关系等多种截然不同的研究结论（刘星和安灵，2010）。虽然一些学者认为所有权结构不会影响公司价值（Demsetz 和 Villalonga，2001；朱武样和宋勇，2001；于东智，2001；董麓和肖红叶，2001；高明华，2001；张宗益和宋增基，2003），但仍有大量学者认为企业的所有权结构非常重要，因为它影响市场发挥作用的程度。对股权结构与公司价值的具体关系，学者们却持不同的观点。一些学者认为股权集中度与股东财富、公司业绩之间显著正相关（Pedersen 和 Thomsen，1999；Boubakri 等，2005；Anderson 等，2009；Fahlenbrach 和 Stulz，2009；张红军，2000；陈小悦和徐晓东，2001；方明和裴慧惠，2007）。还有些学者认为，公司股权结构与公司价值之间不是简单的线形正、负关系，而是呈曲线形状（Myeong‐Hyeon，1998；白重恩等，2005）。

在控制权与现金流权分离度方面，Mitton（2002）、Baek 等（2003）通过实证分析，发现控制权与现金流量权的偏离度与公司价值负相关。但也有学者得出相反的结论，Claessens 等（2002）选取东亚 1 301 家上市公司作为研究对象，分析了公司的"隧道效应"，结果表明，当现金流量权增加时，公司价值也随之增加。

大多学者认为股权制衡对公司价值会产生有利影响。Pagano 和 Roell（1998）认为，公司存在多个大股东有两个方面的作用，一是大股东多元化有利于形成对管理者的监督，二是多个大股东的同时存在可以通过相互监督来弱化控股股东谋取控制权私利的行为。陈德萍和陈永圣（2011）以我国中小板上市公司为研究对象，验证了股权制衡有助于改善公司业绩。

由于我国资本市场改革的渐进性特征，股改之前，国内研究还特别关注了不同类型股东对公司价值的影响。周业安（1999）、于东智（2001）认为，国家股比例对公司价值有显著的正面影响。相反，陈晓和江东（2000）的研究却表明，国有股比例与公司价值呈负相关关系。此外，陈小悦和徐晓东（2001）的经验研究表明，国有股比例与企业价值不存在密切的相关性。皮毅（2004）的研究发现，法人股比例与公司价值之间存在显著的正相关关系，法人持股比例的上升会直接对公司价值产生积极作用。董麓和肖红叶（2001）、陈小悦和徐晓东（2001）的研究均显示，法人股比例对上市公司绩效没有显著影响。朱武祥和宋勇（2001）的研究发现，流通股比例对公司价值没有显著影响。但也有学者持不同观点。刘国亮和王加胜（2000）的研究发现，流通股与公司价值之间存在显著的正相关关系。

国内很多学者对股改持积极态度，认为股改有利于改善上市公司治理和公司绩效（冯根福等，2008）。然而，股改后的实证结论仍然有一定的差异性，曹廷求等（2007）采用2SLS研究发现，股权结构具有内生性，其与公司绩效无明显的相关性；王新霞等（2011）发现，流通股比重与公司绩效的关系显著负相关，国有股比重与公司绩效的关系由显著正相关转变为显著负相关，法人股比重与公司绩效的关系由显著负相关转变为不显著正相关。

二、交叉持股动机研究

众多学者对公司间交叉持股行为的动机进行了一系列研究，发现交叉持股的动机极为复杂。学者们对这一问题的研究主要还处于理论分析阶段，未能发现一致的实证检验和经验证据。但主要动机可以归纳为以下三个方面：通过构建战略联盟来阻止其他公司的恶意股权收购；通过持股来抑制和共同分担交易中可能出现的不确定情况，进而规避风险；通过结盟来扩大资产和经营规模，以获取垄断利润。其中，抵制恶意收购和规避风险是交叉持股产生和发展过程中最原始的目的。

1. 风险规避的相关研究

最早关于公司交叉持股动机的解释是由Klein等经过长期的调查研究提出的。其认为，公司法人在商贸交易活动中违反交易合同的不诚信行为时有发生，而采取法人间的交叉持股策略可以降低这种风险。Williamson在随后的研究中也发现了相似的结论，认为交叉持股可以缓解或抑制交易合同中的风险和机会主义行为（Joskow，1985；Tirole，1988；Gilson和Roe，1993）。之后，Flath通过进一步的研究发现，交叉持股可以在成员企业间发挥相互监督的作用，企业可以通过声誉或"用脚投票"的形式向交易伙伴违反合同的行为施加压力，这就降低了交易活动中不良交易后果和机会主义行为的发生。

除降低企业的交易风险以外，交叉持股在降低财务风险方面也可以发挥一定的作用，Nakatani研究了交叉持股在企业集团中的作用，认为交叉持股行为可以在企业遭遇资金困境等危机时，通过持股企业的援助，为其提供帮助和支持，分散企业风险，缓解公司业绩的波动。Sheard 通过研究日本公司发现，交叉持股策略可以在公司间发挥资金储备缓冲器的作用，在公司经营不善或出现财务危机导致资金短缺时，公司可以向交叉持股关系公司拆借，降低因获利较少而导致破产的风险。事实表明，日本的大多数公司在发生资金短缺危机时，最常见的办法就是转让所持有的交叉持股股权，以此来获取公司发展所需的资金。

2. 阻止恶意收购的相关研究

Morck 和 Nakamura 通过研究银行与企业间的交叉持股状况，认为以交叉持股制度为纽带联结起来的公司能够阻止来自公司外部的恶意收购行为，为公司的经营管理提供了保障。Hiroshi 则通过数学模型分析，发现交叉持股制度能够使公司间实现一种相互制约、相互依存的均衡状态，因为交叉持股关系中的公司管理者会顾及成员公司间的相互报复，通常不会将其所持股公司的股份出售于其他公司，从而抵制了外部公司的恶意收购。此外，交叉持股还可以有效地防止公司管理者在经营管理过程中的短视行为，使其更专注于公司长期战略目标的实现，进而受益于交叉持股。Ito（1992）和 Nyberg 的研究也得出了类似的结论。

3. 获取垄断利润的相关研究

学者们通过对交叉持股与非交叉持股公司的对比分析发现，交叉持股行为的公司产品数量更低，但销售价格和利润却更高，并且可以实现公司利润的最大化。Amundsen 和 Bergman 通过研究北欧能源市场中的交叉持股关系，发现所研究的大型发电站进行交叉持股主要是为了通过相互协调一致来实现垄断，进而能够提高产品价格，获取垄断利润。但是，并非所有的交叉持股公司都可以获取最高的利润，交叉持股的比例对公司利润的获取有很大影响。Clayton 和 Jorgensen 通过研究交叉持股的比例问题发现，交叉持股比例的降低会使公司从中获得更高的利润，所以公司可以通过调整交叉持股的比例来提高公司利润，并且公司的交叉持股比例并非纳什均衡。

三、交叉持股效应研究

交叉持股作为公司经营管理的一种策略，必然会产生相应的效应。学者们在研究过程中同样没有形成一致的结论。关于交叉持股对公司的影响，国内外学者从不同角度进行了分析研究，主要存在以下两种观点。

1. 交叉持股对公司具有正面影响

由于公司之间存在信息不对称，交叉持股关系可以建立公司间信息沟通的渠道，加强成员公司间的交流和信息的传递，提高交叉持股成员公司间的信息沟通效率，进而能够大大降低信息不对称的程度，有效地提高公司治理绩效。Li 等通过对交叉持股的公司进行实证检验，发现交叉持股能够缓解股东与管理者之间信息的不对称，发挥信息沟通渠道的作用。通过进一步研究，他还发现交叉持股的比例与外部股东和管理者之间的信息不对称程度成反比，也就是说，交叉持股比例的增大可以提高信息的交流传递效率，进而提高资本市场的效率，有助于公司治理绩效的改善。James 和 Constand 发现，交叉持股的公司可以对专用性资产投资形成激励机制。

公司间的交叉持股关系也可以直接影响公司的治理结构，提高公司的治理绩效。Santos 和 Rumble 通过分析美国银行和公司的交叉持股行为，发现银行持有企业的股份可以改善公司的治理状况，促进对公司治理结构的完善。Werner 等从理论上运用买方和卖方的博弈模型探讨垂直交叉持股带来的公司效率，认为交叉持股可以促进买卖双方的交易，并提高了公司的治理效率。Hellmann 从风险投资的角度研究了公司和银行的交叉持股，认为银企之间的风险投资关系会影响银行的信贷决策，因为持股关系可以降低双方信息不对称的程度，公司获得贷款的机会更大，降低了公司的贷款成本。Kang 等进一步研究了银企的交叉持股行为，认为银行可以有效地发挥监管作用，不仅可以降低代理成本和公司因为资金困难而导致的破产风险，还能够作为公司的股东和债权人来促进公司价值的提高。

我国交叉持股起步较晚，但学者们也对其进行了一系列的研究。目前来看，我国交叉持股比例普遍偏低，机构投资者特别是基金持股活跃，并且地域和行业聚集性较明显。智宝月等认为，交叉持股行为对企业不仅会产生积极效应，也可能产生消极效应，公司在制度策略中应区别对待，趋利避害。李玉翠等通过研究中国股票市场中上市公司的交叉持股，发现无论公司出于何种目的进行交叉持股，都会对公司价值产生影响。张汉江等借助 Stackelberg 博弈模型探讨了供应链中交叉持股对公司的影响，认为交叉持股可以降低产品价格下降，也可以增加公司的总收益。冉明东从公司治理的角度，通过案例分析探讨了集团采用交叉持股策略会产生的双刃剑效应，认为在信息披露更完整、信息更透明的公司中交叉持股风险更小，而且普通公司之间的交叉持股比银企之间的交叉持股风险更小；进一步通过实证检验，从公司的财务特征和业绩两个方面对交叉持股的效应进行研究，结果表明交叉持股具有显著的资本放大效应和负债提高效应，且有利于提高公司的业绩水平。刘耀淞等发现，上市公司交叉持股行为可以降低企业股票市场的风险，而且与存在交叉持股行为的企业相比，连续交叉持股的企业股票市场风险更低。饶育蕾等认为，持股公司的收益可以根据被持股公司的历史收益来预测，两者呈现正相关性。马丽莎等通过构建交叉持股关系矩阵和股价相关系数矩阵，研究了交叉持股关系与股价的联动关系，认为交叉持股关系会导致股价的联动，并且大股东控制下的交叉持股对股价联动具有抑制效应。

交叉持股对公司价值和风险的分散也具有正面的影响作用。黄健和周德群认为公司间的交叉持股可以在一定程度上改善公司不合理多元化的状态，提高资源的配置和利用效率，进而优化公司治理结构。王雪飞认为，与非交叉持股上市公司相比，交叉持股公司的经营绩效明显更高。马兵通过实证检验，发现提高公司间的交叉持股比例可以改善公司业绩，分散市场风险，对提高公司价值的作用显著。蒋学跃认为，交叉持股比企业普通的多元化经营更容易实现风险分散的目的，尤其在周期性较强的行业中，交叉持股的风险分散作用更明显。李青原和刘志成认为，交叉持股不仅可以起到金融缓冲的作用，为新增的长期资产投资提供内部资金支持，降低因外部融资造成的潜在逆向选择成本，而且可以在公司现金流入流出不同步的时候，发挥金融缓冲作用，充当投资者现金流量管理系统的一部分。

我国学者们也针对银企之间的交叉持股行为进行了研究。陈文成研究了金融控股公司与附属金融机构之间的交叉持股问题，认为有有利的一面。郭葆春等进一步通过典型案例揭示了交叉持股行为的路径、动因及其风险。王凤荣等通过模型构建与推导研究了保险部门与银行部门的交叉持股，认为其在风险的抵御能力与金融系统的稳定性方面都具有积极意义。祝继高通过国际比较研究了银企持股的经济后果，认为既有积极的一面，同时也要严密防范金融风险。总体而言，关于银企之间交叉持股的研究尚未得出一致的研究结论，有积极的一面，也有消极的一面（Lin 等，2009；Luo 等，2011），但积极意义占有相当比例，并且研究结论的不一致可能与研究时所选取的样本期间和研究方法存在很大的关系。

2. 交叉持股对公司具有负面影响

交叉持股对公司具有一定的负面影响，因此，在公司的经营管理中需要区别对待，抑制其负面影响的扩大。Bemotas 通过研究认为，在银企交叉持股中，银行作为持股公司，可以同时充当股东和债权人，通常会导致公司经营偏离利润最大化的目标。Charumilind 等也关注了银企之间的相互持股现象，发现银行关联公司的不良贷款率更高，对银行和企业的发展都很不利。Luo 等分析发现，银行持有公司股份会导致公司高管在职消费水平的提高，进而提高公司的利息费用，公司价值也会相应遭受损害。

我国学者对交叉持股对公司的负面影响也有涉及。周龙杰认为，交叉持股在一定程度上降低了公司内部部门间的制约性，消除了公司内部各机构的分权制衡效果，不利于内部监督机制。喻小萍认为，与非交叉持股公司相比，交叉持股上市公司在获利能力方面并没有明显优势，并且在盈利稳定性方面还有一定的劣势。

秦俊等以 A 股通信行业上市公司为例，研究了上市公司交叉持股对其主营业务盈利能力的影响以及相关的影响路径，并提出相关政策建议。结果发现，我国上市公司的交叉持股不会对其主营业务盈利能力造成显著影响，这与国外相关上市公司的研究不相符合，可能与我国上市公司间的交叉持股类型有关，我国交叉持股大多属于财务型投资而非股权型的投资，公司之间相互持股比例较小，因此上市公司之间很难发生实质性的影响，主要是获取投资溢价，大多属于短期投资。

冉明东从动机和效应两个方面研究了交叉持股对公司价值和公司治理的影响，并通过正反两个案例进行剖析。研究认为，交叉持股对公司具有正反两方面的"双刃剑效应"，公司可以通过交叉持股形成战略联盟，提高企业在市场上的竞争力，但也可能会形成垄断，破坏市场秩序；公司可以通过交叉持股稳定企业管理层，体现大股东的"支持效应"，但也可能会减弱公司的治理制衡机制，使公司的监督机制处于失灵状态；公司可以通过交叉持股加强企业的融资能力，但也可能导致资本空洞化，一旦一家企业陷入财务困境，则会形成连锁反应，拖累其他持股公司。

李晓春研究交叉持股公司的缘起、困境和出路，认为交叉持股是公司所有权与控制权相分离的一种重要方式，可能会造成终极所有者或经营者控制公司的结构。交叉持股公司容易形成"内部人"控制的局面，产生很多弊端，使公司治理陷入困境。

第二节 网络研究

一、网络研究的发展

一般来讲,网络研究可分为网络的静态和动态研究,其中,静态研究主要研究网络的内部结构和功能,动态研究主要研究网络的演变规律。系统科学认为,系统是一个整体,是由内部的各元素相互联系、相互作用而形成的。系统也可以看作一个网络,由节点与边构成,节点代表元素,边代表元素与元素之间的相互联系和相互作用。因此,网络是系统存在的一种普遍形式,是实际系统的一种模型。整个自然界和人类社会都可以通过多层次的、多结构的和多姿态的网络来表示。

李金华(2009)探讨了网络研究的发展轨迹,指出图论构成了网络研究的不朽开端。随着网络科学的动态特性以及在很多其他学科中的应用,网络研究并不局限于图论,社会网络、复杂网络均成为网络研究的发展进程。从某种意义上讲,网络科学是许多领域汇聚的结果,并以图论、网络分析、控制论以及物理学和生物科学等为基础。从网络科学的发展历程来看(如表2-1所示),网络科学先后经历了两次重大变迁:第一次变迁是从数学理论到图论的应用;第二次变迁是从图论的应用到"相互连接到一起的所有东西"的一般集合。同时,网络科学的发展大致可以划分为三个阶段:第一阶段为1736—1966年,可以称为"前网络阶段",在这一阶段,网络科学还未能得到充分应用,其核心还是数学中的图;第二阶段为1967—1998年,可以称为"网络阶段",在该阶段,网络科学的应用已经多次出现在相关研究文献中,但"网络科学"的定义与内涵还未明确;第三阶段是从1998开始至今,可以称为"现代阶段",在这一阶段,网络科学的定义基本确定,网络科学应用到各个不同的领域,且其现实意义得到了验证。

表2-1 网络科学的发展历程

年份	学者	研究成果
1736年	Euler	七桥问题
1925年	G. Yule	Yule-Simon分布以及偏好连接

续表

年份	学者	研究成果
1927 年	Kermack, McKendrick	提出了传染病模型
1951 年	Solomonoff, Rappaport	讨论了在随机网络中的传染扩散问题
1955 年	Simon	在词分析中观测到了幂律分布
1959 年	Gilbert	首次生成了随机图
1960 年	Erdos, Renyi	随机网络
1967 年	Milgram	进行了小世界实验
1969 年	Bass	基于非网络模型的人群创新扩散
1972 年	Bollobas	提出了复杂图
1972 年	Bonacich	基于社会网络中的"影响"思想发现了"影响图"
1973 年	Granovetter	求职网络中具有"弱链接"性质的聚类
1978 年	Pool, Kochen	首次进行小世界理论效应检验
1988 年	Waxman	建立了 Internet 的第一个图模型
1989 年	Bristor, Ryan	网络科学模型首次应用于经济系统中
1990 年	Guare	提出了"六度分隔"效应
1995 年	Molloy, Reed	生成了具有任意度序列分布的网络
1998 年	Holland	在复杂自适应系统中引入"涌现"
1998 年	Watts, Strogatz, Faloutsos	实现了小世界网络的第一个生成过程
1999 年	Faloutsos	在 Internet 中首次观测到了幂律分布
1999 年	Albert, Jeong, Barabasi	在 WWW 中首次观测到了幂律分布
1999 年	Dorogovtsev, Mendes	发现了"小世界"属性
1999 年	Barabási, Albert	构建了无标度网络模型
1999 年	Dorogovtsev, Mendes, Samukhim, Krapivsky Redner	无标度网络度序列的精确求解
1999 年	Watts	小世界特征：高的聚类系数、小的路径长度
1999 年	Adamic	发现了 *.edu 站点之间距离的小世界效应
1999 年	Kleinberg, Kumar, Raghavan, Rajagopalan Tomkims	将 WWW 模型形式化为 Webgraph
2000 年	Broder, Kumar, Maghoul, Raghavan, Rajagopalan Stata, Tomkins, Wiener	只做了 WWW 的完全 Webgraph 映射图

续表

年份	学者	研究成果
2000年	Albert, Jeong, Barabas	如果重点保护hub节点,那么,无标度网络是有弹性的
2001年	Yung	SNA、合作、互联网、商业、生命科学等多个领域的"小世界"应用
2001年	Pastor-Satorras, Vespignani	互联网攻击的SIS病毒模型
2002年	Wang, Chen, Barahona, Pecora, Liu, Hong, Choi Kim, Jost, Joy	小世界中的同步等效于耦合系统中的稳定性
2002年	Nagurney A, Dong J.	首次提出了"超网络"的概念
2007年	Gabbay	在影响网络中达成一致性——线性和非线性
2009年	A. L. Barabási 等	网络科学的回顾与展望
2009年	中国复杂系统与复杂性科学委员会与高等教育出版社	设立出版中国"网络科学与工程丛书",组成丛书编委会
2010年	中国学者及其研究小组	我国网络科学十年回眸与展望
2012年	Albert, Barabás	人类的行为具有可预测性,复杂网络如何覆盖时间

图论（及拓扑学）的创始人欧拉在其1736年的论著中,提出了著名的哥尼斯堡七桥问题。在此基础上,德国数学家科内格（D. Konig）在1936年正式提出图论思想。匈牙利数学家Erdös和Rényi在20世纪50年代末和60年代建立了著名的随机图理论,用相对简单的随机图来描述网络（简称"ER随机图理论"），为图论做出了具有里程碑的贡献。图论是社会网络和复杂网络研究的共同基础,也是网络科学研究的一种重要的方法和工具,至今仍然被研究者用作描述网络的语言和研究平台,广泛运用在社会网络和复杂网络的研究中。

二、社会网络研究

"网络"作为一种自然和社会现象,普遍存在于生活中,网络可以表述有形的事物与事物之间存在的形态,后逐渐拓展到社会科学领域,以表述无形的社会关系。社会网络研究不仅是一种关于关系结构的观点,更是一套关于

第二章 国内外研究综述

网络结构的方法和工具，属于西方社会学的重要分支领域。在社会网络分析中，"网络"被认为是社会行动者之间相互作用、相互影响的社会联系或社会关系的集合，行动者之间通过相互的作用关系形成相对稳定的网络结构。社会结构研究主要分为两种思路：质化结构观与量化结构观。将行动者与行动者之间的关系联系在一起共同分析其关系模式是研究社会结构的一种最直接的方法，更是一种重要的社会结构研究范式，这种关系模式的研究范式是以量化为视角来刻画社会结构的研究。

由于社会行为者的社会关系模式极为复杂，因此无法做到简单地依据直觉区分社会行为者的关系特征，在此情况下，社会网络分析（Social Network Analysis，SNA）发挥了其关联分析的优势。社会网络分析法作为独特的理论与研究方法，兴起于20世纪60年代，在70年代得到迅速发展，并在80年代达到成熟，至今仍然普遍运用于各研究领域。

英国人类学家Brown认为，社会系统实际是由个体间的联系而形成的自然系统，并首次在隐喻的意义上使用了"社会网"概念。Barnes（1954）首次将社会网的隐喻转化为系统的研究，分析了挪威某个渔村的阶级体系。人类学家Nadel在1957年提出了社会网络分析的基本思想。心理学家Bott（1957）在其著作《家庭与社会网络》中，通过采用社会网络的分析方法测量研究了家庭中亲属之间的关系模式。

随着研究的不断深入，很多学者取得了丰硕成果。社会心理学家Milgram（1967）通过小世界实验提出了著名的"六度分离"理论。Mitchell（1969）提出了社会网络分析的系统框架。除此之外，还涌现出许多社会网络研究的重要代表人物，如诺科（David Knoke）、马斯登（Peter Marsden）、维尔曼（Barry Wellman）等。社会网络分析方法是在图论、概率论与几何学的基础上发展而来的一套有效测量网络结构的数学分析方法。Mark Granovetter通过联系强度分析提出"弱联系"优势观点；Harrison White提出"块模型"的理论和方法；Ronald Burt提出"结构洞"概念等。这些概念、理论和方法的提出，促进了社会网络研究的发展。

随着现代计算机技术和统计分析软件的广泛应用，20世纪90年代之后，社会网络理论与分析方法在社会学与管理学中得到了普遍应用。随后，复杂网络将物理学、数学和计算机科学等其他学科引入网络分析中，成为网络结构分析新的里程碑，进一步促进了社会网络研究的新发展。社会网络不仅可以在行动者之间建立关系,也可以在行动者与集体之间建立关联关系,通过分析网络结构与行动者之间的关系,可以更加清晰地研究微观行动者与宏观社会现象之间的作用机制。各事物之间的非线性行为关系是社会网络研究未来发展的重要方向。

国内关于社会网络的研究起步较晚,1983 年,宣兆凯运用社会网络理论分析了有关团体中成员之间关系的方法。2003 年之后,国内社会网络研究呈现出蓬勃发展的态势,社会网络理论研究与应用研究的文献数量均急剧增加,尤其是在 2005 年之后,复杂网络研究逐渐兴起,将物理和计算机领域的成果也应用到社会网络研究中(如图 2-1 所示)。

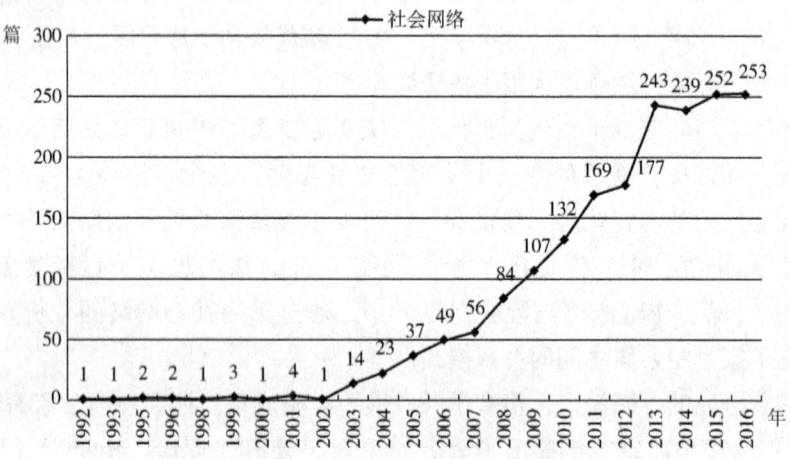

图 2-1 按主题精确检索(CNKI-CSSCI+核心期刊,1992—2016 年)

人文特征是引致公司治理结构演变的重要因素。Roe(1994)就表达过类似观点,根据他的研究,是美国的政治民主而不是经济效率左右《公司法》。而美国在政治上限制大股东的活动正体现了民主经济的要求,从而保护小股东免于大股东的剥削(Coffee,1991)。由于西方社会经过中世纪封闭的分权社会,在现代化过程中形成了以自由平等的个人主义为特征的人文特征,从而产生了民主主义的"横式"社会结构,这种横式结构强调正式制度约束对人们的行为规范,弱化了包括血缘、亲缘、情缘和地缘关系的非正式制度约束(姜彦福等,2001)。与之相反,包括中国在内的东亚文化受儒家思想的影响,非正式制度约束的人文特征表现得更为突出。华人社会是一个特别重视并特别善于利用关系网络来达到各种目的的社会（储小平，2003）。在这一文化背景下，社会网络理论可以较好地解释中国关系型社会的特征。

社会网络理论最早源于20世纪30年代英国的人类学研究，此后在经济学家、社会学家的参与下，社会网络分析方法逐渐发展为以网络分析作为研究基础的新经济社会学，取代20世纪40年代至60年代占据美国社会学主流地位的结构功能主义。维系社会网络的构成要素就是社会关系，社会关系包含着重要的资源与信息，如技术流动、人员吸引、信息获取、资金筹措等，它们可以给企业创造价值。社会关系是指人与人之间、组织与组织之间因交流和接触而发生、存在的一种纽带。中国是一个关系本位的社会，以关系网络获得资源的配置方式在当代中国仍然有深厚的土壤（鲁兴启，2008）。正是社会网络关系支撑着中小企业的资源获取与成长路径，通过创业者已有的和后续不断编织的社会关系网络获取各种资源，是私营家族企业创业和企业存续发展的基本条件（储小平，2003）。

在我国经济转轨过程中，社会网络在商业活动方面的作用尤为突出，这是因为在市场制度体系尚不完善的条件下，利用社会关系网络能降低因制度缺陷所引发的不确定性和交易成本（Bruderl 和 Preisendorfer，1998）。Poppo 和 Zenger（2002）的研究证实了关系治理与正式契约之间存在互补关系，在复杂、高风险的交换关系中，同时采取正式契约和关系治理的效果要好于只采取其中一种治理措施的效果，管理层增加了对正式契约和关系治理两种措施的同时运用，在交易的不确定性增加时，对关系治理的运用会有所增加，正式契约与关系治理之间的相互依赖性使交易绩效得到提高。此外，社会关系网络提供了一种私有信息的沟通机制，例如，Cohen 等（2008，2010）研究发现，当基金经理或分析师与上市公司高管存在"同学"关系时，可以帮助他们获得显著的超额报酬。

三、复杂网络研究

在现实社会生活中，复杂性越来越普遍，复杂性研究也越来越受到学者们的关注。复杂网络可以用来刻画系统成分之间的结构关系，并且复杂网络已经成为研究复杂性和网络关系的重要工具，为关系结构的研究提供了全新的视角。复杂网络主要通过图论来表达，并运用统计物理等方法刻画系统网

络的结构形态和功能，揭示网络的演变规律和整体行为。

自1998年Watts和Strogatz提出了"小世界网络"以及1999年Barabási和Albert提出了"无标度网络"以来，国际科学界掀起了一轮复杂网络研究的热潮。Barabási和Albert在 *Science* 上发表文章指出，许多现实世界中的复杂网络并非是规则网络和随机网络，而是属于无标度（scale-free）网络，并对这样一类网络的特征量进行了研究。在这之后，学者们对现实社会的复杂网络做了进一步的研究，指出Internet、WWW、科技引文网、科学合作网、食物网等都具有无标度网络的特点，属于无标度网络。基于平均场理论，Barabási等研究发现，无标度网络的节点生成具有两个基本性质：增长与择优连接，其中，增长表示的是，随着时间的进展，网络的节点不断增加；择优连接表示的是，新增节点优先连接到已经拥有较高连接数的节点。复杂网络运用到了各个领域的研究中，并且在现实生活中的很多领域也都呈现出复杂网络的形式。其中，小世界特性和无标度特性已经成为研究现实网络的"标签"，因此这两篇文章可以看作复杂网络研究的新纪元。

近年来，许多学者分别从不同角度对复杂网络开展研究。目前，国内外在复杂网络方面的研究主要包括以下4个方面。

1. 复杂网络理论研究

Newman（2003）通过对复杂网络结构和功能的论述，描述了网络结构特征，Costa（2007）也对网络的结构特征进行了综述性的描述。朱涵等（2003）以小世界、无标度等新概念为切入点，对复杂网络的研究进展进行了系统介绍，在国内较早地开展了复杂网络研究。吴金闪等（2004）从统计物理学的视角对复杂网络进行分析，归纳总结了复杂网络方面的研究进展，对无向、有向以及加权网络等多种特性的网络研究进展与领域分别进行了综述，认为复杂网络是包含大量个体以及个体之间相互作用的系统。汪小帆对近年来国外复杂网络研究所取得的重要成果进行了归纳总结。刘涛等（2005）从统计特性、结构特征以及复杂网络动力学三个方面论述了复杂网络相关研究，重点介绍了网络传播行为。

2. 复杂网络模型及特性研究

在网络动力学和网络上的动力学方面，学者们构建了各种具有和实际网络相同或类似结构特征的网络模型，并对网络上的动力学过程进行了探讨。Newman（2003）发现，在结构特征上，社会网络与其他类型网络有两个明显区别：相邻节点度的正相关性和聚集性。Boguna 等（2004）则关注网络的三个结构特征：高聚集性、度正相关性和群结构。谭跃进和吴俊（2004）对节点重要度、网络结构熵以及标准网络结构熵等进行了界定，并深入分析了结构熵与度分布之间的关系。山秀明等（2004）针对服从幂律度分布的复杂网络，分析了其平均路径长度，并以互联网为例给出了计算平均路径长度的计算公式。吕金虎（2004）以时变复杂动力网络模型为基础，提出了网络同步基本准则。李翔等（2003）将"局域世界"引入 BA 网络模型中，提出了局域世界网络模型，并通过将网络中的节点重新进行连接建立了 BA 网络模型的拓展模型。

近年来，由于越来越强大的计算机设备和迅猛发展的 Internet 以及学科之间的相互交叉，使学者们能够处理不同的实际网络数据，从而揭示网络的复杂性特征：度分布、平均最短路径、集聚系数。当然，个别网络还得到了其他特征，如顶点度相关性、群落结构、网络弹性等。通常将网络节点度服从幂律分布的特性称为无标度特性；将具有较短的平均最短路径和较大的集聚系数的网络称为小世界网络。复杂网络理论取得了快速的发展，同时被国内外大量的学者认同，并且利用复杂理论对大量不同领域的实际网络的拓扑特征进行了实证研究。Newman 将这些复杂网络主要分为四种类型：社会网络、信息网络、技术网络和生物网络。

3. 复杂网络理论的应用研究

如今，复杂网络理论在实际中的应用越来越广泛，涵盖各个领域。Zhou 等（2007）对细胞网络的自相似性进行了探索性研究。Yang 等（2007）应用复杂网络解释了工业企业之间的竞争关系。Thomas 等（2001）将复杂适应系统理论首次应用于供应链网络系统研究中。Huang 等（2011）应用复杂网络方法来研究产业集群结构关系等。李金华等（2006）应用复杂网络理论研究创新网络结构演化，模型与仿真揭示了创新网络的小世界特性和拓扑结构。Hyukjoon 等（2009）基于社会网络构建知识扩散模型，探讨网络结构对知识扩散绩效的影响，认为小世界网络是最有效的知识扩散结构。

朱志（2009）对复杂网络在社会网络方面应用的合理性进行了深入探讨，并在此基础上明确了谣言传播网络的研究方向。王静等（2006）基于小世界网络模型，构建了移动手机短信传播模型，并在此基础上探讨了度数与短信转发频率对信息传播的影响。江可申等（2002）以企业动态联盟为研究对象，引入小世界网络模型，对网络全局功能提高前提下实现企业自身利益最大化进行了分析。邓丹等（2005）深入分析了在新产品研发过程中的交流网络特征参数，以及网络中交流频率与交流集中度等变量对研发过程的影响。周辉（2005）以 SARS 广东疫区历史调查数据为基础形成数据库，通过网络建模验证了现实社会中流言传播具有小世界和无标度特性。陈洁等（2004）通过统计中国电网的相关数据，表明电网也具有小世界和无标度特性。陈永洲（2008）利用复杂网络理论对城市公交网络的结构特征及其演化规律进行分析，发现了三种不同拓扑结构的城市公交网络都具有小世界特性。宋马林等（2011）从复杂网络的视角分析了工业园区网络结构的统计特性，论证了工业园区网络具有小世界性和无标度性。汤黎明等（2014）运用复杂网络对区域旅游线路呈现出的空间几何特征及其地理拓扑关系进行了剖析。张广胜和刘伟（2016）针对现实运作物流服务供应链网络系统的复杂性与关联性，对物流服务供应链复杂网络脆弱性进行研究。王浩宇和孙启明（2016）基于复杂网络的理论方法，构建了京津冀三地及地区间产业复杂网络模型，从关联结构和强度两个维度识别了京津冀各地区及地区间的关键产业。

孙耀吾和卫英平（2011）借鉴疾病传播的 SIRS 原理构建了高技术企业联盟知识扩散 AIDA 模型，研究联盟网络的知识扩散机理与特性，并通过实证分析，发现高技术企业联盟知识扩散具有较小的平均路径长度和较大的聚类系数，是一个非均匀网络，部分企业的度值较大，部分企业的度值较小，这些节点企业对网络的稳定性和信息扩散性发挥着不同的影响，表现出明显的小世界性质、无标度特性和社区结构。

吕康娟和王娟（2011）在对长三角 16 城市的首位特征与产业集聚特征进行分析的基础上，构建了以城市为节点，城市之间铁路车次、公路道路的联系为边，铁路的运载量、公路的货运量为权重的包括铁路网和公路网的长三角交通网；同时构建了以城市为节点、企业关联业务为边、联系程度为权重的有向边权长三角城市经济网络，研究城市网络的动力机制和长三角城市网络的结构特征。研究结果表明：长三角城市之间联系紧密但是发展不均衡，城市之间的互动和发展形成了联系紧密的网络关系，部分城市的集聚效应明显，成为长三角区域经济发展稳定的内结构，网络格局层级清晰，区域内主要形成以上海为中心、以苏州和杭州等为关键枢纽、以常州等为次级节点和以镇江等为新兴市场的格局。

王波等（2011）通过网络机器人搜索了杭州公交网络的真实数据，通过建模分析其网络基本统计特征。姜巍等（2013）以各煤炭生产和输出省为节点，以铁路运输为边，建立国家煤炭铁路流通网络，研究了中国各省通过煤炭输入、输出形成的相互关联的煤炭铁路流通网络，采用复杂网络分析法，使用图论中顶点度分布、网络平均最短距离、集聚度等测度指标测量了煤炭铁路流通网络的空间特征，并对拓扑结构和子群组成进行了分析。研究结果表明：我国煤炭铁路流通网络以山西等地为核心，呈辐射结构的空间状态；各省份间煤炭流量规模差异巨大。通过拓扑结构分析发现，近年来，我国煤炭铁路流通网络密度不断增大，平均路径长度减小，聚集系数增加，网络结构不断优化。通过各地区之间的相互竞争，网络呈现明显的子群凝聚现象，逐渐形成四个子群，分别是西北子群、东北子群、东南子群、西南子群；与子群之间的省份相比，子群内部省份之间的联系更加密切，并且联系程度不断增加，但各子群间的联系也正在逐渐增强。

王纯（2009）用无标度网络的有关度和聚类系数的理论，分析了企业的销售网络和中枢经销商产生的原因——生产商和零售商共同作用的结果，分析了企业销售网络中各节点的聚集程度，但在这一方面作者只是简单地给出集团化系数定义，并没有给出集团化系数的推导过程；同时指出了企业销售网络具有鲁棒性，提出了优化企业销售网络、加快产品从生产车间到市场的周转速度的理论。

江涛和谭建（2009）结合复杂网络分析方法，分析并证明了企业集群的无标度网络特征，即在集群网络中，集散节点的连接数目远远超出了一般的节点，并且网络主要由这些集散节点所支配。他们从企业集群的实际情况考虑，运用了改进的无标度网络模型，定义了 rank 值并定量分析集群网络中各节点的重要性，为集群向既定目标发展提供了控制依据。系统中任意节点的重要性是由流入该节点的重要性所决定的，且每个流入该节点的连接点对其重要性的贡献是不同的。同时，由于集群具有鲁棒性与脆弱性特征，政府部门应该保护好核心企业，使处于集群网络的核心企业更好地起到连通作用，延长集群成熟期。不同的网络结构构成了不同企业集群的核心竞争力，集群管理者为适应市场需求，可以通过断键重连或增减节点的方式来改变网络结构，使之具有异于其他集群的核心竞争力。

蔡涵等（2008）采用自组织理论及其方法作为研究的依据，将协作商务看作个体自主决策、整体自我演化的有序、稳定耗散系统，主要从决策权的集聚意义上对核心企业进行了研究；然后在 BA 无标度网络模型指数增长与节点优先连接的基础上，运用拓展的 BA 模型分析了协作商务在无标度网络意义上的层内和层间自组织网络。结果表明：随着组织内部个体之间协作的深化，整个网络不仅呈现更加快速的幂律演化规律，而且其节点度分布也更加不均衡。结果符合实际的协作网络拓扑数据，也为协作商务中更容易产生少数节点巨大的核心企业提供了佐证。

4. 复杂网络脆弱性研究

已有的复杂网络脆弱性研究大部分都是从网络结构特性出发来讨论网络的脆弱性，例如，对网络连接特性或网络平均最短路径的研究。另外，度数、介数以及紧密度等一些集中性的测度也是研究中经常使用的。Barrat 等（2004）认为，确定关键节点是复杂网络各种特性研究中最重要的问题，网络中最重要的部分是更好地认识网络的脆弱性，也是更有效地保护网络的基础。如果一个节点度数和介数很大，则该节点就被认为是网络中非常重要的节点。某一节点的紧密性越小，则该节点与其他节点的距离越短，因此也越重要。此外，还有一些衡量网络其他方面集中性的测度，如特征向量集中性和流量集中性。Latora 和 Machiori（2004）提出了基于网络最短路径倒数的网络效能指标，定义了网络节点和链接的重要性，该指标在复杂网络研究领域产生了巨大影响。然而这些研究只考虑了网络中节点的重要性而忽视了节点的实际价值。Al－Mannai 和 Lewis（2007）使用网络风险的度加权模型来确定网络中哪个节点对网络的整体安全最重要。

第三节　网络在金融研究中的应用

本节重点介绍网络研究与金融研究相结合的领域已有的研究成果。社会网络理论一经提出，就被运用到经济管理领域中。近年来，许多学者开始将复杂性理论的相关研究成果运用到金融研究中。如图 2-2 所示，区域 1 显示了社会网络与复杂网络研究的交叉领域，即复杂社会网络的领域，区域 2、区域 3 和区域 4 则显示了网络研究与金融研究的交叉领域。

通过不断的研究分析，股票市场的诸多性质被一一挖掘，股票市场的

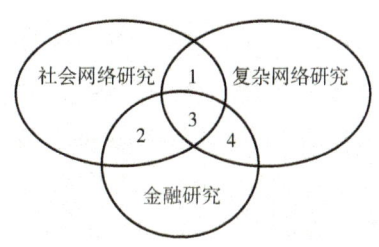

图 2-2 网络研究与金融研究的交叉领域

许多特性得到越来越清楚的认识，这些特性包括：动态性、非线性、自相似性、自组织性等，它们都与复杂系统存在着许多相似之处，所以股票市场被认为是一个复杂系统。越来越多的学者开始利用复杂网络对金融市场领域进行研究，并且运用复杂网络理论和方法来揭示上市公司及证券市场的关系网络结构。

具体而言，运用复杂网络的理论和方法来研究股票市场中的问题，通常需要以股票交易的真实数据为切入点，也就是需要股票交易双方、交易价格或交易量等数据。在股票交易的网络中，每只股票为网络的一个节点，股票与股票之间通过关联关系相互联结起来形成网络的边，这样，股票市场中的各个股票通过相互的关联关系构成了网络。在对股票网络的分析中，可以通过揭示网络的结构、规模以及演变规律等来进一步明确网络中股票之间关系的联结强度、凝聚程度等属性。

1999 年，Mantegna 构建了股票市场中的第一个以股票价格数据为基础的股票关联网络模型，该网络中的节点为各上市公司的股票，边为公司股票之间的相互关联关系，并且将该股票关联网络运用到实际的股票市场分析中，对标准普尔 500 股票进行了聚类等级分析。这一开创性研究激发了后续一系列研究，相继出现了很多研究股票相关性的文献。

以 Mantegna 所构建的模型为基础，越来越多的学者开始了对股票关联网络结构的研究。Kim 等（2007）依据股票价格波动构建股票相关性加权网络，发现股票关联网络中各股票节点的影响强度遵循无标度特性。Arora 等（2006）依据美国上市公司股票价格波动的相关性构建了金融网络，研究证券市场中各上市公司之间的影响力程度。Bonanno 等（2004）认为通过研究股票关联网络的基本统计特性，可以了解股票关联网络的拓扑结构，揭示证券市场中各上市公司之间股票的关联性。Lee等（2007）研究了股票关联网络的拓扑结构，如平均路径长度、度分布等。Kullmaim等（2000）通过研究上市公司的股票关联网络，得出了各公司之间的聚类结果，并发现这种聚类分析结果对处理股票半相关性的问题非常适用。Onnela等（2002）运用股票价格波动的反馈值来构建股票的相关性网络矩阵，并研究了公司股票的动态资产树与股票市场危机和公司投资多样化的相关性。Onnda等（2003）后来又进一步针对实际股票市场构建了动态资产树；同时，对资产树和资产图进行了对比，发现资产图可以在金融市场中得到更明确的聚类结果。Boginski等（2003）研究了股票关联网络的演变，发现网络中股票之间相关系数的分布在演变过程中具有一定的稳定性，而且网络服从幂律分布的结构属性。进一步研究发现，网络中存在小团体结构和独立集的现象（Boginski等，2005），并揭示了股票关联网络结构的动态演变过程是一种自组织系统，随着全球化的发展，最大团体的规模及边密度呈现稳定增长的趋势（Boginski等，2006）。还有部分学者通过运用复杂网络模拟了金融机构网络（Lenzua和Tedeschib，2012；Upper，2011），研究了金融网络中风险的传染和相互影响（Anand等，2013；Krause和Giansante，2012）。

由于我国股票市场的发展较晚，目前还不够完善和成熟，国内对股票市场的研究起步也较晚，但从近年来的研究情况来看，也有一些学者运用复杂网络理论和方法对中国证券市场和上市公司进行了深入的研究。李平等（2006）对香港恒生指数的网络动力学进行了研究，认为网络动力是稳定的而不是随机的。庄新田等（2007）以沪市上市公司股票为样本，构建股票价格波动相关系数网络，发现该股票网络具有小世界性和无标度性。樊琪等（2008）以股票和基金股东的投资关系为基础，构建了投资关系二分网络，根据基本统计特性分析认为该网络具有小世界特性和无标度特性。黄玮强等（2010）分析了上海证券市场股票关联网络的基本统计特性，发现沪市股票关联网络的价格波动具有稳定性，网络节点的度分布服从幂律属性，表明市场中少量的上市公司股票节点对网络具有较大的影响力，大部分股票价格的波动对网络的影响较小；并且，他还进一步运用最小生成树和平面最大过滤图算法分析了中国股票关联网络的拓扑性质和聚类结构（黄玮强等，2008）。侯明扬和伍海（2008）应用无标度网络理论对深圳证券交易市场进行了分析，以抽样的方式选取2004年以前在深圳证券交易所上市并且持续交易的300家股票为节点，股票价格波动相关性为边，构建了深圳证券市场网络，验证了该网络的节点服从幂律分布，并且在特定值下对该网络的度分布指数进行了计算，发现当深圳市场网络的规模趋于无穷时，一阶矩、二阶矩都呈发散趋势。另外，可以证明方差亦发散。结果表明，深圳证券市场中存在很多有影响力的股票，且这些股票价格的波动会对其他股票和市场造成较大影响。

李进和马军海（2009）研究了交叉持股网络，发现度值较大的上市公司股票会对网络整体乃至整个股市产生更大的影响。后锐等（2010）基于复杂网络的分析方法，研究了全球产业重组和转移现象。马源源等（2011）以上市公司之间的交叉持股关系为基础建立了省与省之间的相互投资网络，研究了该网络的特性以及网络随着时间的推移而变化的趋势，并基于区域间的相互投资网络验证了西部大开发和振兴东北老工业基地等政策的成效性。王存睿等（2012）以中国A股上市公司的交叉持股数据为样本，构建了交叉持股网络，发现中国A股交叉持股网络结构遵循幂律分布。同时，他还仿真模拟了不同权重节点波动对网络结构的影响，结果发现核心节点的变动对网络结构的变动影响更大。刘晓霞和王卫华（2012）以沪市发行的股票为样本构建股票网络，网络的节点为各股票，边为股票价格波动的相关性，发现该股票网络具有小世界特性和无标度特性。肖欣荣等（2012）通过建立投资者网络模型，揭示了基金"羊群行为"的内在形成机制，分析了机构投资者之间行为的传染现象。沙浩伟等（2014）基于上市公司之间的交叉持股关系，建立交叉持股网络，研究了上市公司嵌入交叉持股网络中的位置特征对公司绩效的影响。其实，交叉持股网络与其他复杂网络一样具有小世界特性和无标度特性（常晓红等，2014）。经济泡沫膨胀会引发传染性风险，导致系统性风险的爆发（张宝林和潘焕学，2013）。复杂网络模型能直接反映风险系统网络的特征（陈国进和马长峰，2010）。但是解决复杂网络中金融系统性风险问题的重要研究手段则是通过模拟仿真的计算实验（张维，2013）。隋聪等（2014）研究了不同银行间网络结构与银行系统性风险的关系，发现网络的集中度越高，风险传染的机会就越大，倒闭的银行数量就越多。

第四节 研究现状评述

综上所述,目前针对我国上市公司交叉持股行为的研究,从研究方法和研究角度上来看,一部分主要是基于理论介绍和案例分析的定性研究阶段,对交叉持股的形成、发展进行了概括,并从交叉持股的动因、路径、效应等方面进行了有益探索;还有一部分主要从公司治理的角度来研究交叉持股的影响,同时学者们的研究尚未取得完全统一的结论。这些不一致或相互冲突的研究结论反映了交叉持股研究的复杂性和多样性,也表明了该研究的价值。对复杂网络和社会网络的研究主要集中在交通、信息、社会学等方面,对公司治理领域特别是交叉持股研究中应用网络分析方法的较少。但国内外学者在交叉持股、复杂网络方面进行的这些研究总结出了一些理论和研究思路,可以作为研究基础,为本书提供借鉴。同时,我国新一轮的上市公司交叉持股热潮已经兴起,目前对交叉持股的研究还存在诸多可以进一步完善和探索的空间。

(1) 交叉持股网络的研究视角。上市公司无不嵌入特定网络之中,其交叉持股行为不仅受制于公司个体的经营发展,更受到其所处网络的影响,与其他公司相互依存、相互制约。但是从研究现状中不难看出,目前关于上市公司交叉持股的研究一般局限于公司个体的视角,忽视了交叉持股网络中与其他公司的关系。较少的文献将复杂网络和社会网络与交叉持股相结合,做出了一些开创性的研究,但仍停留在静态分析层面。因此,基于复杂网络视角研究交叉持股的问题,将对以往研究起到重要的补充作用,能够更为系统地研究上市公司交叉持股问题。

(2) 交叉持股网络形成与演变过程中的动力机制。目前,学者们普遍认为上市公司交叉持股行为的形成是其公司发展的结果,并有其自身的动因和路径。交叉持股的动力因素有很多,主要有公司战略因素、财务需要、政策因素和经济环境因素等,这些因素共同作用和推动着上市公司交叉持股关系的形成与演变;关于各个因素在上市公司交叉持股关系中的作用机理,国内外的一些学者对此进行了初步的理论性分析。

虽然学者们提出了很多影响和作用交叉持股的因素,但这些动力因素是如何综合作用于交叉持股网络的形成和演变过程的,什么因素在交叉持股网

第二章 国内外研究综述

络的形成中发挥了关键性的作用，这些因素是促进了网络的形成和演变还是抑制了网络的发展，都是需要继续探索的问题。一般文献将上市公司作为个体看待来研究交叉持股关系的形成动因，而没有考虑各个动力因素如何在交叉持股网络的形成演变中发挥作用，特别是如何采用客观定量的方法，对此目前尚未进行详细阐述。因此，针对上市公司的交叉持股行为，研究其网络结构形成和演变的动力因素是非常有意义的。

（3）交叉持股网络位置对公司风险抵御效应的影响。目前，学者们在交叉持股效应的研究中观点不一，研究视角多样，尚未形成统一的研究结论。也有文献关注到交叉持股网络对公司绩效的影响，但是基于交叉持股网络来研究公司财务行为仍是公司治理研究发展的最新领域，而且研究交叉持股网络对公司市场风险抵御效应的文献还较为匮乏。

同时可以看到，目前将公司所在地区的市场发育程度纳入交叉持股网络作用机理中，研究市场发育程度对交叉持股网络位置与公司市场风险抵御效应关系的影响极少受到关注。因此，交叉持股网络位置对公司市场风险的抵御效应有何影响，市场发育程度又在其中起到了怎样的作用，都是需要继续挖掘的方面，并且有助于更深入地研究交叉持股的效应。

综上，一方面，目前有关上市公司交叉持股、复杂网络的研究已积累了丰富而有价值的经验；另一方面，交叉持股网络研究的不足，加上复杂网络理论与方法的应用，为上市公司财务问题研究提供了广阔的空间。本书将网络结构理论、基于置换的检验方法等运用到交叉持股的研究中，对上市公司交叉持股网络结构的演变，交叉持股网络形成与演变的动力因素，以及交叉持股网络位置对公司市场风险的规避效应进行解释和探讨。本书的研究对目前交叉持股网络相关问题进行了进一步的证实和扩展，可以丰富公司治理、复杂网络领域的研究成果。

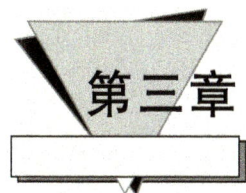

第三章

理论基础与制度背景

第三章 理论基础与制度背景

通过对交叉持股、网络研究、网络在金融研究中的应用等文献进行回顾，我们发现，现有研究普遍忽略了上市公司之间的相互持股对企业可能产生的影响。为解决这一问题，本书结合我国特有的社会文化特点，以及由此形成的关系型持股特征，依托复杂网络理论、社会网络理论、委托代理理论、代理成本理论、经济协同效应理论、信息不对称理论与关联性契约理论的相关内容，认为探究上市公司交叉持股关联网络的演变与影响是对股权结构现有研究进行深化的一个可行方向。

第一节 理论基础

一、复杂网络理论

交叉持股网络是证券市场发展的结果，属于公司治理视角与网络视角的交叉范畴，但是由于传统的公司治理研究中普遍存在"社会化不足"的缺陷，即这些公司治理视角的研究都没有涉及网络分析的架构，也没有充分认识到组织间网络对嵌于其中的行动者的决策行为存在重要影响，而每家交叉持股上市公司无不嵌于证券市场的交叉持股网络之中，其行为效应也必然受到其所处交叉持股网络的影响。因此，研究上市公司交叉持股网络不仅要依据传统公司治理理论，还应采用交叉学科理论，以对传统的公司治理理论进行补充和延伸。

作为上市公司交叉持股网络分析的重要理论——复杂网络理论，是在图论和随机图理论（Random Graph Theory）的基础上发展而来的。欧拉是图论（及拓扑学）的创始人，在其1736年的论著中，为了证明著名的哥尼斯堡七桥问题，构造了由点（顶点或者节点）和线（边或者连接）构成的图，其中4个顶点A、B、C和D代表该地区的四块空地，7条连接4个顶点的边代表了该地区的7座桥。由此欧拉将七桥问题转变为证明节点间连通性的数学问题，即这个网络中是否存在欧拉路径。然后，他发现Königsberg不存在穿过每座桥梁而一次走遍全城的路径：图上带有奇数边的点不是形成起点便是终点，而穿越所有桥梁的连续路线只能有一个起点和一个终点。如图3-1所示，A、B、C和D点都有3条边，所以无法找到所需的路径。直到1875年，B和C之间搭建了一座新桥，使图上B点和C点的边变为偶数，只剩下A和D两个点的边为奇数,才找到这样一条路径。

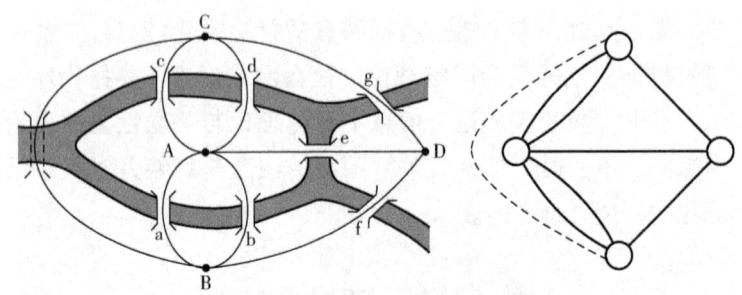

图 3-1 七桥问题的简绘图

欧拉通过七桥问题所要传达的信息是：图或网络具有自身的属性，这种属性隐藏在它们自身的结构中，可以限制或增强我们使用网络的能力。欧拉的这种论证方式也正是图论的前身。通过剔除问题的细节，图论能够清晰地描述重要的拓扑特征，这也使它成为描述网络特征的基本数学语言。因为网络的最简单形式便是一系列的顶点和一系列连接这些顶点的边，这些顶点在今天看来涵盖的范围非常广泛，例如，Rapoport 和 Horvath 提出的人和友情，Faloutsos 等提出的计算机和通信线路，郑浩雄等提出的化学物及其反应、Price 和 Redner 提出的科学论文和引用等。这些研究成果表明，图论的应用早已超越了纯数学领域，并且已经开始解决系统工程领域的实际问题。1936 年，德国数学家科内格（D. Konig）正式提出图论的思想。图论是复杂网络应用和研究的共同基础，也是网络科学研究的一种重要的方法和工具，至今仍然被众多研究者用作描述网络的语言和研究平台，广泛地运用于复杂网络的研究中。

20 世纪 50 年代末和 60 年代，匈牙利数学家 Erdös 和 Rényi 建立了著名的随机图理论，主要是用相对简单的随机图来描述网络（简称"ER 随机图理论"），为图论做出了具有里程碑的贡献，也是公认的复杂网络理论的开创性研究。在 20 世纪的后 40 年中，随机图理论一直是研究复杂网络的基本理论。从 20 世纪末开始，复杂网络研究逐渐渗透到数理学科、生命学科、工程学科和社会学科等众多领域，对复杂网络的定量和定性特征的科学理解已成为网络时代研究的重点课题。在 20 世纪末期及 21 世纪初期，Watts、Barabási 等人在《自然》和《科学》杂志上先后发表了关于网络的文章，并且影响深远，

第三章 理论基础与制度背景

其中，Watts 等提出的小世界网络模型指出，少量的随机捷径会改变网络的拓扑结构，进而涌现出小世界效应；Barabási 等提出的无标度网络模型揭示了复杂网络自组织演化过程中增长和择优机制存在普遍性，并结合实例证明了无标度网络度分布的幂率特性。从学者们的研究可以发现，复杂网络是由相互关联的节点组成，通常用来描述各种各样的真实的复杂系统。复杂网络（Complex Network）被认为是具有自组织、自相似、吸引子、小世界、无标度中部分或全部性质的网络。复杂网络被誉为"网络中的新科学"。复杂网络的研究历史及代表人物见表 3-1。

表 3-1 复杂网络研究简史

时间	人物	研究问题
1959 年	Erdös 和 Rényi	随机图理论
1967 年	Milgram	小世界实验
1973 年	Granovetter	弱连接的强度
1998 年	Watts 和 Strogatz	小世界模型
1999 年	Barabási 和 Albert	无标度网络

复杂网络的研究，主要致力于揭示、刻画和理解复杂网络的结构与功能，以及其内在动力学机制和各种普适性性质，从而帮助人们更好地理解复杂系统所具有的本质性规律。随着复杂网络研究的推进，近年来，不论是针对实际数据的结构特征分析，还是网络模型构建以及网络上的动力学过程研究等，都已经获得了不少深入的认识。由于大批的物理学家、数学家等自然科学领域的学者纷纷加入复杂网络的研究队伍，将博弈论、统计物理学、分形几何学等理论与方法运用到复杂网络的研究中来，从而拓展了研究视野，大大加深了人们对复杂网络结构和演化规律的认识。

复杂网络理论认为，网络是由相互关联的节点和边组成，可以用二元组 $G=(V,E)$ 来表示，其中，V 为节点集，E 为边集。节点集 $V=\{v_1,v_2,\cdots,v_n\}$ 中的元素 v_n 称为节点或顶点，边集 $E=\{e_{11},e_{12},\cdots,e_{ij}\}$ 中的元素 e_{ij} 称为边，表示节点 v_i 与 v_j 之间的边。在无向网络中，e_{ij} 与 e_{ji} 对应的是同一条边，即节点 v_i 与 v_j 之间的边；在有向网络中，e_{ij} 与 e_{ji} 对应的是不同的边，即 e_{ij} 表示从节点 v_i 到节点 v_j 的边，节点 v_i 为始点，节点 v_j 为终点，而 e_{ji} 表示从节点 v_j 到节点 v_i 的边，节点 v_j 为始点，节点 v_i 为终点。

现实社会中许多系统都可以用复杂网络来描述,如生物网(神经网、基因网)、交通运输网(物流网、航线网)、信息网(科学文献引用网、万维网)、社会网(董事网络、朋友网)、技术网络(电话线路网、因特网)等。十余年来,复杂网络研究已经有了长足的发展,随着复杂网络的深入研究,国内外学者提出了许多研究网络拓扑结构的度量方法,通常研究复杂网络的基本统计特性,并以此为切入点来揭示复杂网络的结构特征。

1. 复杂网络的基本统计特性

复杂网络中节点的度、平均度、度分布、平均最短路径长度以及集聚系数是网络拓扑结构的基本统计特性,可以度量复杂网络的结构特征,作为网络结构演变的判断依据。

(1) 度(Degree)。在复杂网络中,任一节点 i 的度通常用 k_i 表示,是指与节点 i 相连接的其他节点的数目,即网络中与节点 i 相连的边的数量。节点的度越大,表明与其相连接的其他节点越多,即与其相连接的边越多,其在复杂网络中的位置越重要。在有向网络中,节点的度分为出度和入度。其中,出度定义为从节点 i 指向其他节点的有向边的数量;入度是指从其他节点指向节点 i 的有向边的数量。

(2) 平均度(Average Degree)。在复杂网络中,网络的平均度通常用 $\langle k \rangle$ 表示,是指网络中所有节点的度的平均值,其公式表达为:

$$\langle k \rangle = \frac{1}{N} \sum_{i=1}^{N} k_i \tag{3-1}$$

(3) 度分布(Degree Distribution)。在复杂网络中,节点的度分布通常用 $P(k)$ 表示,是指在网络中随机选择一个节点 i,该节点的度为 k 的概率,也可以表达为网络中度为 k 的节点数占网络中所有节点数目的比重。复杂网络中的度分布可以通过度累积概率分布函数表示,其公式表达如下:

$$P_k = \sum_{k'=k}^{\infty} P(k') \tag{3-2}$$

度累积概率分布函数是指网络中度不小于 k 的概率。

当复杂网络的度分布服从幂律分布时,网络可以用幂律形式 $P(k) \sim k^{-\gamma}$ 来描述度累积概率分布函数;当复杂网络的度分布服从指数分布时,网络可以用指数形式 $P(k) \sim e^{-\lambda}$ 来描述度累积概率分布函数。

(4) 平均最短路径长度(Average Shortest Path Length)。在复杂网络中,平均最短路径长度又称为平均路径长度、平均最短距离,通常用 L 表示,是指网络中所有节点对之间最短路径长度的平均值。平均最短路径长度可以用来度量网络的节点疏密程度,L 越大,表明网络节点间的分离程度越大;反之,分离度越小。其公式表达如下:

$$L = \frac{2}{N(N+1)} \sum_{i \geq j} l_{ij} \qquad (3-3)$$

其中,L 为网络的平均最短路径长度;l_{ij} 为网络中两个节点之间的最短路径长度,即连接节点 i 与节点 j 的最短路径所经过的边数;N 为网络中的节点数目。

此外,在复杂网络中,网络的直径通常用 D 表示,是指网络中所有节点之间的最大路径长度,其公式如下:

$$D = \max_{i,l} l_{ij} \qquad (3-4)$$

(5)集聚系数(Clustering Coefficient)。在复杂网络中,集聚系数通常用 C 表示,能够用来度量网络集聚的程度。节点的集聚系数 C_i 是指节点 i 的邻接点间实际存在的边数与理论上最大可能存在的边数的比值,其公式如下:

$$C_i = \frac{M_i}{\frac{1}{2}k_i(k_i-1)} = \frac{2M_i}{k_i(k_i-1)} \qquad (3-5)$$

其中,C_i 为节点 i 的集聚系数,k_i 为网络中与节点 i 直接相连的边数;M_i 为网络中与节点 i 直接连接的 k_i 个节点之间实际存在的边数,即节点 i 的邻接点之间实际存在的边数;$\frac{1}{2}k_i(k_i-1)$ 为网络中与节点 i 的邻接点之间理论上最大可能存在的边数。

网络的集聚系数 C 是指网络中所有节点集聚系数的平均值,其公式如下:

$$C = \frac{1}{N} \sum_{i=1}^{N} C_i \qquad (3-6)$$

2. 复杂网络的相关模型

在拓扑理论研究中,网络的拓扑性质是指与网络节点的具体位置和边的具体形态无关的网络性质,相对应的结构为拓扑结构。国内外学者研究发现,最基本、最典型的网络拓扑模型主要有:规则网络、随机网络、小世界网络、无标度网络等。

(1)规则网络。最常见的规则网络通常是由 N 个节点组成,而每个节点仅与其最近的 k 个节点按照特定的规则相连,因此,规则网络中的节点均具

有 k 条边,即网络中每个节点都具有相同的度和集聚系数。规则网络具有集聚系数大、路径长度长的特征,并且其路径长度随着网络节点数量的增加而增大。从严格意义上来看,现实系统中并不存在真正的规则网络,它只是一种特殊的网络形式。常见的规则网络的研究主要包括:全局耦合网络、最近邻耦合网络和星形网络。

(2)随机网络。随机网络的研究最早是从20世纪60年代 Erdős 和 Rényi 提出的 ER 随机图模型开始的,其认为网络中节点间的连接是完全随机的,而非规则的。随机网络具有平均路径较短、集聚系数较小的拓扑结构特征,并且随机网络中节点的度分布服从泊松(Poisson)分布。

(3)小世界网络。通过学者们一系列的研究,1998年,Watts 和 Strogatz 提出了小世界网络模型,也称为 WS 模型。他们发现,现实生活中的网络大多表现出平均路径较短、集聚程度较高的拓扑结构特征,即具有小世界特性,而不同于规则网络和随机网络的特征,引发了对小世界网络模型的研究。小世界网络模型的构造规则如下:

首先,构造一个具有 N 个节点的环状规则网络,在该网络中的每一个节点都与其左右两侧各 $K/2$ 个节点相连,即 $K/2$ 条边相连,其中 K 为节点的度,取偶数;

其次,网络中的每条边以 P 概率进行随机重连,要求网络中的每一个节点都不与自身相连,并且任意两个节点之间至多仅有一条边。

在以上的网络构造中,小世界网络是由规则网络开始的,每条边都是通过以 P 为概率进行重连而得到的。当 $P=0$ 时,所构造的网络为规则网络;当 $P=1$ 时,所构造的网络为随机网络;当 $0<P<1$ 时,所构造的网络具有较大集聚系数和较短路径长度的拓扑性质特征,此时的网络具有小世界的特征,为小世界网络。

小世界网络的基本特征在于:具有最短的平均路径长度和较大的集聚系数。因此,在小世界网络中,信息传播得很快,并且移除几个甚至一个关键节点,或改变少量的几个关键连接,网络的性质和结构便会发生较大的改变。现实世界中的大量实际网络都具有小世界的性质,因此小世界网络模型对一些现实问题的研究具有深刻的启示意义。

(4)无标度网络。继网络具有小世界特性研究之后,Barabási 和 Albert 在研究万维网的演化过程中建立了 Barabási – Albert 网络模型(简称"BA 模型"),发现网络节点的度分布服从幂律分布,即幂律形式 $P(k) \sim k^{-\gamma}$,且幂指数 γ 的范围位于 2~3。网络表现出无标度的特性,因此被称为无标度网络。

无标度网络模型的构造算法如下:

首先,网络节点的增长性。从一个初始网络开始,即 $t=0$ 的时刻,网络中具有 m_0 个节点,随后网络发生增长,即每隔一段时间后,网络中引入一个新增节点,并将引入的新节点连到 m 个网络已有的节点上,并且 $m \leq m_0$。网络节点的增长性表明:实际网络的出现和生长往往是从一个节点核心开始,随着节点数量的不断增加,通过新生节点与原有节点的连接而不断演化,这个过程贯穿于网络生命周期的始终。这表明网络是开放的,其规模并非固定的而是不断增大的。例如,万维网上每天都有大量新的网页产生,每个月都会有大量新的科研文章发表。

其次,网络节点的偏好依附性。节点的偏好依附性也称为节点的择优连接,即网络新增节点的连接并非如随机网络和小世界网络是随机产生的,而是更倾向于与那些连接度较高的节点优先相连,出现网络世界"富者越富,贫者越贫"的现象,这种现象称为网络世界的马太效应。网络节点的偏好依附性意味着:随机网络和小世界网络均假设任意两个节点间相连接(或重新连接)的概率与该节点的度无关,即新的连接是随机产生的。然而,大多数现实网络呈现出择优连接的迹象,新加入的节点更倾向于与那些连接度较高的节点相连,网络节点的连接呈现出明显的马太效应。网络新增节点与网络已存在的节点 v_i 相连接的概率为 $\prod(i)$,其与节点 v_i 的度 $k(i)$ 之间的关系为:

$$\prod(i) = \frac{k(i)}{\sum_i k(i)} \qquad (3-7)$$

在经过 t 时刻后,由初始节点数为 m_0 的网络演变为一个节点数为 $N = m_0 + t$ 的无标度网络,其中 t 为网络中的新增节点数。

无标度网络的基本统计特性如下:

第一,平均路径长度。无标度网络的平均路径长度 L 与网络规模 N 之间存在一个非正常的双对数关系,其公式表达如下:

$$L \propto \frac{\log N}{\log \log N} \qquad (3-8)$$

从式(3-8)可以发现,无标度网络具有一定的小世界特性。

第二,集聚系数。无标度网络的规模达到一定程度时,不具有明显的集聚特征,这一点与 ER 随机网络相似。无标度网络的集聚系数的计算公式如下:

$$C = \frac{m^2(m+1)^2}{4(m-1)}\left[\ln\left(\frac{m+1}{m}\right) - \frac{1}{m+1}\right]\frac{(\ln t)^2}{t} \quad (3-9)$$

第三,度分布。无标度网络中的度分布函数可以用幂指数为 3 的幂律函数近似描述,其公式表达如下:

$$P(k) = \frac{2m(m+1)}{k(k+1)(k+2)} \approx 2m^2 k^{-3} \quad (3-10)$$

通过比较具有相同节点数和平均连接度的随机网络和无标度网络模型,发现后者的平均路径相对短些,而集聚系数则相对大些。这表明无标度网络中那些度很大的节点在缩小网络中节点之间距离的方面起了相当重要的作用。然而至今还没有关于 BA 无标度网络模型的平均路径和集聚系数的解析公式。BA 模型很好地解释了幂律度分布的产生机理,在复杂网络的文献中受到了极大的关注。但是与真实网络相比,BA 模型还是有一定的缺陷,主要体现为完全忽略了网络节点之间的关系有强弱之分。

学者们还通过对无标度网络模型的研究发现,其与小世界网络模型一样具有两个基本特征:平均路径长度较短,集聚系数较大。除此之外,无标度网络的度分布还服从幂律分布特征。这表明无标度网络中某些度较大的关键节点发挥着相当重要的作用,能够在很大程度上缩短网络中不同节点间的距离。

(5)加权无标度网络。研究表明,许多加权网络的度和点权都满足 Pareto 分布。依据这一特性,Barrat、Barthélemy 和 Vespignani 提出了一个加权无标度网络模型,称为 BBV 模型。该模型综合考虑了网络结构和节点权重等因素来研究网络的动态演化过程。随着模型规模的增大,BBV 模型的度、边权和点权都呈现无标度特性。BBV 模型的构造算法如下:

第一,网络初始时,给定 N_0 个节点,它们组成一个全耦合网络,其中每条边都赋予权值 w_0。

第二,每次加入一个新节点 n,让这个节点与之前的 m 个节点相连,同时也新加入了 m 条边。如何连接按照权重优先选择(Strength Driven Attachment)的原则进行,即一个原有节点 v_i 被选择的概率为

$$\prod(n \to i) = \frac{S(i)}{\sum_j S(i)} \quad (3-11)$$

也就是说，权重越大的节点被选择的概率越高。

第三，每次新加入的边 (n,i) 都赋予一个权值 w_0，并且认为新加入的边 (n,i) 只会局部地引发连接节点 v_i 与它的邻接节点 $j \in \Gamma(i)$ 边的权值的重新调整。调整按照以下公式进行：

$$w_{ij} \to w_{ij} + \Delta w_{ij} \quad (3-12)$$

每次引入一条边 (n,i) 便会给节点 v_i 带来额外的 δ_i 的流量负担，而与之相连的边会按它们自身的权值 w_{ij} 的大小分担一定的流量。因此，节点 v_i 的权重调整为：

$$S(i) \to S(i) + \delta_i + w_0 \quad (3-13)$$

BBV 模型为加权网络的研究奠定了良好的基础。但现实中的许多网络，比如交通网络和社会网络，它们的节点和边能够负载的强度是有限的。当节点的强度达到某一程度后，可能无法再连接其他的新边或者不允许其强度继续增加，否则会导致节点的瘫痪或网络演化的停滞。因此，在加权网络演化过程中，考虑节点强度的有限以及边权重的有限是十分必要的。

（6）无权网络的局域世界模型。BBV 网络模型缺乏对网络中普遍存在的局域世界现象的考虑。比如，在世界贸易网中，优先连接机制局限于某些区域经济体内部，许多国家都致力于加强与各自区域经济合作组织内部的经济合作和贸易关系。又比如，在 Internet 中一台主机的加入只与同一域内的其他主机相连，其优先连接机制只在每个节点各自所处的局域世界中有效，而不是整个网络。因此，李翔和陈关荣（2003）提出了一个无权网络的局域世界（Local - World）模型，称之为 LW 模型。通过引入局域世界这样一个全新的概念，并调节相应的参数，模型的度分布从 Boltzmann - Gibbs 分布向 Pareto 分布过渡。LW 模型的构造算法如下：

第一，网络初始时，具有 m_0 个节点和 e_0 条边；

第二，随机从网络已有的节点中选取 M 个节点，作为即将新加入网络的节点的"局域世界"；

第三，加入一个新节点 n 和 m 条边，根据 BA 模型的优先连接概率来选择与局域世界中 m 个节点相连 $(M \geq m)$，连接概率为

$$\prod\nolimits_{\text{local}}(n \to i) = \prod\nolimits'(i \in \text{local - world}) \frac{K(i)}{\sum_{j \in \text{local}} K(j)} \quad (3-14)$$

$$= \frac{M}{m_0 + t} \frac{K(i)}{\sum_{j \in \text{local}} K(j)}$$

当 $M = m$ 时,新加入的节点与其局域世界中所有的节点相连接,优先连接原则已不再起作用,LW 模型退化为 BA 模型的随机相连情况,平均场方程为:

$$\frac{\partial K(i)}{\partial t} = \frac{m}{m_0 + t} \quad (3-15)$$

因此,可以求解得到:$P(K) \propto e^{-k/m}$,即度分布遵循指数函数。

当 $M = t + m_0$ 时,每个节点的局域世界网络实际上就是整个网络,并且随着时间的增长而增长,LW 模型退化为 BA 模型,平均场方程为:

$$\frac{\partial K(i)}{\partial t} = \frac{K(i)}{2t} \quad (3-16)$$

因此,可以求解得到:$P(K) \approx 2m^2 k^{-3}$。

当 $m < M < t + m_0$ 时,LW 模型的度分布会呈现 Boltzmann – Gibbs 分布与 Pareto 分布之间的分布状态。李翔与陈关荣(2003)发现,如果局域世界规模 M 被固定为一个远大于 m 的常数,则 LW 模型同样具有与 BA 模型相似的无标度特性,即 $P(K) \approx 2m^2 k^{-3}$。到目前为止,LW 模型已经用于研究世界贸易网络、社团组织、互联网等复杂网络中普遍存在的局域世界现象。

(7)加权的局域世界网络。为了反映现实存在的局域世界网络,可以把 BBV 加权无标度网络模型与局域世界网络的概念相结合,将无权的局域世界模型变为加权的局域世界网络模型,用 GLW 模型来表示。GLW 模型的构造算法如下:

第一,网络初始时,具有 m_0 个节点和 e_0 条边,其中每条边上都赋予权重 w_0;

第二,随机从网络已有的节点中选取 M 个节点,作为即将加入节点的"局域世界";

第三,加入一个新节点 n 和 m 条边,连接节点的选择按照局部权重优先选择进行,即一个节点 i 被选择的概率为

$$\prod_{\text{local}}(n \to i) = \prod{}'(i \in \text{local} - \text{world}) \frac{S(i)}{\sum_{j \in \text{local}} S(j)} \quad (3-17)$$

$$= \frac{M}{m_0 + t} \frac{S(i)}{\sum_{j \in \text{local}} S(j)}$$

第四,和 BBV 模型相同,需要给新的边赋权重 w_0,同时认为新加入的节点会给节点 i 带来新的负担 δ_i,所以要重新调整局域世界边的权重,方法与

BBV 模型相同，即 $w_{ij} \to w_{ij} + \Delta w_{ij}$。

当 $M = m$ 时，新加入的节点与其局域世界中所有的节点相连接，优先连接原则已不再起作用，GLE 模型退化为 BBV 模型的随机相连情况。

当 $M = t + m_0$ 时，每个节点的局域世界网络即是整个网络，并且随着时间增加而增加，GLW 模型退化为 BBV 模型。

当 $M \approx m$ 时，$P(K)$、$P(S)$ 和 $P(W)$ 分布曲线接近于 $M = m$ 的情况，都趋向于服从 Boltzmann – Gibbs 分布。当 $M \approx t + m_0$ 时，$P(K)$、$P(S)$ 和 $P(W)$ 的分布曲线接近于 $M \approx t + m_0$ 的情况，都趋向于服从 Pareto 分布。因此，当 $m < M < t + m_0$ 时，GLW 模型中 $P(K)$、$P(S)$ 和 $P(W)$ 的分布呈现从 Boltzmann – Gibbs 分布过渡到 Pareto 分布的演化。理论分析和仿真实验表明，GLW 模型反映了从 Boltzmann – Gibbs 分布加权网络向 Pareto 分布加权网络过渡的全过程。

3. 典型网络的基本统计特性

具体来讲，典型网络的特征可以通过对平均路径长度、度与度分布、集聚系数等属性的描述来进行对比和区分。几种典型网络基本统计特性的对比分析如表 3 – 2 所示（表格中 N 表示该网络中的节点数，K 表示与该节点相连的所有邻居节点的个数）。

表 3 – 2　典型网络的基本统计特性对比表

典型网络		度分布	平均路径长度	集聚系数
规则网络（三种典型）	全局耦合网络	任意两个节点之间都有边直接相连	在具有相同节点数的所有网络中，其平均路径长度为 1 且最小	在具有相同节点数的所有网络中，其集聚系数为 1 且最大
	最近邻耦合网络	每个节点只与其周围的邻居节点相连	对给定的 K 值，当节点数 N 趋近于无穷大时，该网络的平均路径长度趋近于无穷大	当 K 值较大时，其集聚系数约等于 0.75，该网络高度集聚
	星形网络	有一个中心节点，其余的节点都只与该中心节点相连，彼此之间不相连	当节点数 N 趋近于无穷大时，该网络的平均路径长度趋近于 2	当节点数 N 趋近于无穷大时，该网络的集聚系数趋近于 1

续表

典型网络	度分布	平均路径长度	集聚系数
随机网络（具有代表性的为ER随机图）	当节点数非常大时，其度分布近似为泊松分布，所以说这种随机图也常被称为泊松随机图	具有较小的平均路径长度	小
小世界网络（具有代表性的为WS小世界模型和NW小世界模型）	类似于ER随机图模型，当初始节点度相对较大时，度分布呈指数衰减	具有较小的平均路径长度	大
无标度网络（具有代表性的为BA无标度网络）	节点度服从幂率分布，绝大多数节点的度都相对较小，只有少量节点的度相对较大	具有较小的平均路径长度	较大

表3-1只是介绍了几种最典型的复杂网络模型，这些网络模型是对现实复杂网络的抽象，从不同角度反映了现实网络存在的某些拓扑特性，而且这些网络模型之间的特性是有交叉的。

二、社会网络理论

社会位置（社会地位）与社会角色是社会结构研究的两个核心问题。传统的社会结构观，尤其是功能主义，主要从宏观层面界定社会地位和角色，如人类学家布朗认为，社会结构是制度化的角色和关系中的人的配置，是实际存在的一种社会关系网络。规范功能主义的代表帕森斯认为，社会结构是由共同的价值体系、不同的社会制度、社会角色和地位等要素构成，强调社会地位对角色行为的决定性，一定的角色具有一定的权利和义务。结构分析学家莫顿强调社会结构或制度对个体行为的控制影响，认为有社会地位和社会角色构成的社会结构是一套有组织的社会关系，并通过"机会结构""角色丛"等概念详细阐述了社会地位和角色表现之间的关系。综上所述，传统的社会结构观点都强调宏观结构因素对个人行为的单向强制作用，即秉持结构

第三章 理论基础与制度背景

决定功能的观点。

而另一些强调微观行动的社会学家，则主要从个体互动层面分析社会角色与社会位置间的关系。符号互动理论的代表人物布鲁默认为，"角色"应该是指具体情境下的互动角色，而不是文化塑造的社会角色。他承认社会结构因素的重要性，但主张影响互动的因素是非确定性的。戈夫曼则提出一种更加强调微观场景的角色互动论——"拟剧论"，认为社会结构不能决定互动实践，二者只是一种松散的耦合关系，因此他尤为重视行动的际遇性、仪式性和情境性。美国社会学家加芬克尔提出的常人方法论更注重对微观行为的研究，认为一切社会现实都有赖于个体的情境建构，社会生活秩序是由人们共同建立并维持的。

20世纪末，一些社会学家发现结构与功能、社会与个人之间并不是一种简单的决定论，而是一种相互影响的耦合关系。他们从辩证思维入手，既强调结构的双重性，又肯定行动者的能动作用。而网络科学的兴起和社会网络分析方法的产生进一步推动了宏观结构与微观个体研究的结合。与传统的社会结构观不同，社会网络分析更注重对关系的量化分析，通过形式化的语言和方法解释基于结构角色和地位的社会关系的制度安排，他认为相关行动者之间的关系是社会结构分析的基础，强调社会科学研究的对象应该是社会结构关系而不是个体。他主张通过网络关系的研究，将个体关系、微观网络和社会系统的宏观结构结合起来。

在社会网络分析中，位置是指在关系网络中处于同等地位的个体所构成的集合体，角色是两个行动者或两个位置之间存在的关系模式。一般的结构理论认为，社会角色依存于社会位置，但主要基于定性的分析，社会网络分析则立足于关系数据的量化分析，通过结构的相似性对行动者进行分组，将占有相同网络位置的行动者认为是等价的（角色相同），进而分析不同角色间的关系模式。对位置相似性分析方法按限定程度的高低可依次分为结构等价、自同构等价和正则等价三种。

在社会网络分析领域最常使用的等价性分析方法是结构等价，这种方法也能更为准确地反映上市公司交叉持股网络中各公司间的相互持股关系和角色定位，因此，可以用结构等价的相关分析方法对各公司在上市公司交叉持股网络中的角色转变以及对网络结构的影响做演变分析。

结构对等性要求最为严格，当网络的两个行动者与其他行动者拥有同等的关系时,则称它们是结构等价的。结构上等价的行动者具有相同的结构属性,可以相互替换。自同构等价性又称为同构等价性,意为等价的行动者在网络中占有难以区分的结构位置,即两个行动者可以互换而不影响整个图的结构,它们之间拥有相同的关系类型和数量,并同属于一个阶级或场域。与结构等价性关注对行动者间的比较不同,自同构等价性关注的是同类行动者之间的关系,因此常用作分析不同群体的行动者。正则等价性对结构的要求更为宽松,只要求占有相同位置的行动者以相同的方式相连接。正则等价性的概念与社会学中的角色概念相接近,但它是通过网络关系模式界定等价性,而不是根据行动者的属性去界定社会角色。

社会网络分析中基于结构对等的角色分析方法主要有三种,分别是基于阿基米德距离的聚类分析法和基于对行动者与其隶属项之间关系的关联矩阵进行行列分析的 Concor 法,以及在 Concor 法基础上优化算法得到的 tabu 搜索法。其中,聚类分析法只能从一维角度找到拥有相同等价结构的行动者,但不能显示出各角色之间的关系,因此选用 tabu 搜索法对交叉持股网络中的上市公司角色进行分析。对块模型的解释分为:个体层次、位置层次和整体层次三种。其中,个体层次是利用个体的属性资料(上市公司的资源、区位、资金等)分析块模型的有效性;位置层次是对各个位置(块)进行描述性分析,考察各个位置间如何进行资金流的传输。整体层次是利用像矩阵对总体块进行描述,最常见的是对 2 - 位置块模型和 4 - 位置块模型的像矩阵。上市公司交叉持股网络的块模型可以从三个层次上进行分析并做历时性研究,以期掌握各公司角色演化的规律以及对交叉持股网络结构的影响。

1. 派系

"派系"常常指这样的一个子群体,即其成员之间的关系都是互惠的,并且不能向其中加入任何一个成员,否则将改变其性质。派系是最基本的凝聚子群概念。对二元无向关系来说,利用图论语言可以对派系做如下定义。

(1)无向关系网络中的派系。对不同性质的网络来说,派系的定义也不同。在一个图中,"派系"指至少包含三个点的最大完备子图(maximal complete sub - graph)。这里有三点值得强调。第一,派系的成员至少包含三个点,之所以做如此要求,主要是为了指出一个互惠对(mutual dyad)不构成派系。第二,派系是"完备"的,即其中任何两点之间都是直接相关,都是邻接的,并且不存在任何与派系中所有点都有关联的其他点。第三,派系是"最大"的,其含义是,我们不能向其中加入新的点,否则将改变"完备"这个性质。

(2) 有向关系网络中的派系。上述派系概念只是针对无向网络图来说的。有向网络图中派系的含义稍有不同。在一个无向图中,所有点之间的关系都是相互的,所以考察派系要用到图中所有的线。在有向图中,派系的含义有所区别。根据派系的定义,只有"互惠"的关系才能纳入派系之中。因此,分析有向图中的派系一定针对的是行动者之间的互惠关系,而这种要求往往是比较严格的。因此,在有向图中区分出来的派系称作强派系(strong cliques),从无向图中分析得到的派系称作弱派系(weak cliques)。

(3) 多值关系网络中的派系。上面讨论的网络主要是二值关系网。但在现实生活中,关系常常是有多种取值的。例如,人们往往把朋友关系分为几类,如"密友"、"好友"、"一般朋友"和"一面之交的朋友"等。又如,在研究国际贸易的时候,贸易额不是"1"和"0"这样的二值数据,而是多值的。在一个多值网络中,凝聚子群研究的目的是为了找到其中存在的一些相互联系比较紧密的具有凝聚力的小群体。因此,子群成员之间的关系应该具有较大的值。

2. n - 派系

派系是最大的完备子图,有学者从"可达性"这个角度对此概念进行了推广。建立在可达性基础上的凝聚子群要求一个子群的成员之间的距离不能太大。这样可以设定一个临界值 n 作为凝聚子群中成员之间距离的最大值。这就引出了对派系概念做出最早推广的 n - 派系(n - cliques)概念。与派系类似,无向网络和有向网络中的 n - 派系含义有所不同。

(1) 无向网络中的 n - 派系。一般认为,n - 派系的概念比较接近日常对派系的理解。这里的 n 是派系成员之间距离的最大值。因此,一个 1 - 派系实际上就是最大的完备子图本身,也就是上述的"派系"。而一个 2 - 派系则是其成员直接(距离为 1)相连,或者通过一个共同邻点(距离为 2)间接相连。$n=2$ 也常常是一个较好的临界值。当然,在实际分析中,n 的大小由研究者决定。n 越大,对派系成员限制的标准越松散。例如,3 - 派系是比 2 - 派系松散的一个群体。n 的最大值要比网络图中节点总数少 1。

(2) 有向网络中的 n - 派系。在一个有向关系网络中,点 i 到点 j 的一条"途径"是指从 i 点出发指向 j 点的、由各不相同的点和线构成的方向相同的系列。途径的长度是其中包含的线的条数。点 i 到点 j 的一条"半途径"是指从 i 点出发指向 j 点的、由各不相同的点和线构成的系列。也就是说,有向网络中的"途径"要考虑到关系的方向,而"半途径"则不考虑方向。半途径的长度也是其中包含的线的条数。

(3) 多值网络中的 n-派系。在一个多值关系网络中,一个在 c 层次上的派系是指该网络图的子图中任何一对点之间的关系强度都不小于 c,并且在子图外部的任何一点到该子图中的所有点之间的关系强度都小于 c。n-派系建立的基础是子群成员之间的各个捷径值。如果两点之间存在一条 c 层次的途径,这两个点在 c 层次上是可达的。那么,c 层次的 n-派系就是,其中所有点之间的捷径上的所有线的取值都不小于 c。因此,在一个多值图中,一个 c 层次的 n-派系就包含了所有相互之间通过长度不超过 n 的途径在 c 层次上可达的成员,或者说其中的每对成员之间都存在一条 c 层次的派系,并且其中所有点之间的捷径上的所有线的取值都不小于 c。

社会网络理论中基本的分析单元,即个体与个体之间存在的联结,包括由法律、契约等强制性规定产生的联结,以及伴随个人情感、信任程度而产生的非契约性联结等。正是由各种联结构成了当期市场中存在的各种各样的社会关系,如具有亲缘、地缘的特定群体等。随着社会化进程的不断推进,公司已经逐步嵌入普遍存在的社会网络之中,将社会网络的理论应用于公司治理领域的研究中,既符合管理学的学术脉络,也成为新时期公司治理问题研究所关注的焦点。

三、委托代理理论

西方的代理理论最初是由 Jensen 和 Meckling 于 1976 年提出的,后经许多经济学家加以完善,是一种比较成熟的公司治理分析理论。代理理论是在生产力高速发展和社会分工进一步细化的前提条件下产生的。生产力的快速发展造就了社会分工的进一步细化,其结果是:一方面,权利的所有者由于时间、精力的有限,不能有效行使全部权利;另一方面,细化的社会分工造就了一批能力特别突出的专业人才,在权利所有者的委托下,他们完全有能力和精力代其行使部分权利。在这种情况下产生了委托代理关系。由于委托人和代理人都是理性的经济人,他们的目标是追求自身利益最大化。在这种委托代理关系中,如果代理人付出的努力多一点,结果可能就会更好一点,委

第三章 理论基础与制度背景

托人关心的是结果,但代理人关心的是付出的努力。代理人付出的努力决定了委托人的收益,委托人支付的报酬决定了代理人的收益。因此,委托人和代理人之间的目标函数并不一致,委托人追求自身财富最大化,而代理人则追求个人薪酬待遇、在职消费和闲暇时间最大化,由于目标不同,必然导致两者存在利益冲突。同时,代理人的自利行为、机会主义动机、追求自身利益的最大化,也不利于委托人的决策行为,进而会产生委托代理问题。

因为追求不同的利益,股东与经理人之间存在利益冲突,之所以会产生这种代理问题,主要是由于企业的剩余索取权与控制权不匹配造成的,即股东拥有企业的剩余索取权,而高管则拥有企业的控制权。因此,需要建立股东和经理人之间的一种机制或契约,协调二者之间的利益冲突。如果公司的管理者拥有一部分股权,这样可操作性的利益与公司价值就联系在了一起,让经理人承担一部分风险,同时获得剩余索取权的一部分,它可以在一定程度上解决剩余索取权和控制权不匹配的问题,使两者之间的目标函数管理和利益保持一致,有效降低目标不一致造成的代理成本,进而提升公司价值。

委托代理理论提出,公司治理问题是伴随着委托代理问题的出现而产生的。其具体形式包括:公司股权分散条件下的现金流权与控制权分离引起的委托人与代理人之间的代理问题,股权集中条件下大股东与中小股东之间存在的代理冲突问题,以及大股东控制权私人收益问题等。

现代企业制度下公司现金流权和控制权的分离,一方面可以提高社会经济资源的配置效率,另一方面也会引发公司内部人滥用控制权而实施自利行为等问题,给公司价值带来损失的风险。由于委托人与代理人的利益取向存在差异,经营信息不对称以及公司运营的不确定性等因素,公司管理层的行为有时并不能完全符合所有者利益最大化的要求,因此会出现所谓的委托代理问题。由于委托人与代理人的目标不一致,因此委托人可能需要花费额外的成本来进行调整,以使管理层的行为与自身利益相一致。此类由委托人承担的代理成本主要包括两个方面:第一,因道德风险和逆向选择而产生的损失;第二,股东为了自身利益对管理层的行为进行监督约束而产生的费用。为了解决利益分歧,将代理成本降至最低,在委托代理理论下委托人应当同时作为一种机制的设计者,设定一套委托代理合同来约束代理人行为。在完全理性和完全信息的条件下,委托人和代理人均能事前在契约中列明各种可能出现的情形,明确各方的权利和义务,从而顺利解决利益分歧问题。但在

现实中，契约和信息不可能达到尽善尽美的状态，公司治理结构存在的目的就是对此进行决策。因此，治理结构可以被视为一种对没有在协议中明确规定的情况进行决策的机制。

众多学者经过研究发现，现代资本市场中的上市公司存在两类代理冲突问题，第一类是上市公司所有者与经营者之间的代理冲突问题，主要是针对西方上市公司比较分散的股权结构提出的；第二类是上市公司内部控股股东与上市公司中小股东之间的代理冲突问题，主要是针对股权相对集中或高度集中的上市公司股权结构提出的。

第一类：上市公司所有者与经营者之间的委托代理关系。

所有者与经营者之间的代理问题也被称为西方传统委托代理理论，主要是针对美、英等西方发达国家多数上市公司股权现状而提出的一种理论分析框架。在这些发达国家，多数上市公司股权的显著特征就是股权比较分散。股东分散导致上市公司所有权和控制权相分离，因此，这些上市公司面临的主要管理问题就是全体股东与经营者之间的利益冲突问题。上市公司全体股东尤其是控股股东或大股东需要考虑如何使经营者能够正常返回一些经营利益，如何保证经营者不把资金投在很差项目上或不盗窃投资，如何能够有效地控制经营者的自利行为等，保证所有者利益。因此，传统委托代理理论的核心主要是解决第一类代理问题，也就是全体股东尤其是控股股东为上市公司设计一个最优的治理结构与机制，从而保证上市公司经营者能够遵照全体股东利益进行决策行动，而不是按照自己的利益行事。

从表现形式上看，股权相对比较集中的上市公司与股权比较分散的上市公司，在股东与经营者之间的代理问题比较类似，但实际上却存在很大的不同。在股权比较分散的上市公司，比较分散的单一股东对经营者的影响力有限，一般是通过董事会来对上市公司经营者实施管理和监督。然而，在西方国家的上市公司里，上市公司董事会实际上为经理层所控制，股东一般情况下均是"用脚投票"，实际上董事会在代表全体股东的利益方面并不完整。因此，在股权比较分散的上市公司，代理关系的重点是要如何促使董事会代表全体股东利益行事，从而对经营者实施有效控制。而在股权相对集中的上市公司，虽然董事会表面上也能代表全体股东利益，但由于股权比较集中，往往可以看到是由控股股东或大股东在董事会中代表全体股东的利益进行运作。总之，在委托代理问题上，上市公司股权分散时，经营者势力强于全体股东，上市公司股权相对比较集中时,控股股东势力强于经营者。

第二类:中小股东与代理人之间的委托代理关系。

与英美国家的股权结构不同,包括中国在内还有许多国家的股权结构相对比较集中,有学者研究发现,除英国和爱尔兰外,欧洲其他国家的上市公司股权普遍相对比较集中。许多学者也发现,在东亚国家中,除日本外,其他国家的上市公司都有单一控股股东,包括在中国的上市公司中,股权结构相对比较集中或高度集中。在这些股权比较集中的上市公司,一方面,要处理全体股东与经营者之间的代理冲突问题;另一方面,还要处理控股股东或大股东与中小股东之间的代理冲突问题,由于控股股东控制了上市公司,因此,处理控股股东与中小股东之间的利益冲突问题更显得重要。许多学者研究证实,在股权相对比较集中的国家或地区,控股股东或大股东与中小股东之间的利益冲突问题比较严重,例如,包括中国在内的亚洲国家和地区。

在这些股权相对比较集中的上市公司中,控股股东和中小股东在某些方面的意图是一致的,都以自身在公司的股权利益最大化为目标,希望公司提高盈利能力,通过公司获取不错的投资回报。但上市公司的控制权由控股股东或大股东掌握,自我利益最大化的天性可能导致大股东的机会主义动机,从而导致大股东可能会利用上市公司做出损害中小股东利益的决策,大股东尤其控股股东与中小股东之间的利益冲突不可避免。在两者的利益冲突问题上,上市公司的大股东尤其控股股东占有绝对优势,中小股东相对而言处于弱势地位。中小股东的目标则是尽可能地使控股股东对中小股东利益的损害趋于最小化,以使中小股东的利益最大化。在以股权相对比较集中的上市公司,中小股东在监控经营者问题上仍然是一个弱势群体,过高的监控成本使他们不得不采取搭便车的行为。因此,上市公司股东与经营者之间的代理问题也就转化为控股股东或大股东与经营者之间的代理问题。由此可见,如果上市公司股权比较集中,那么便会出现双重代理问题:一种是控股股东或大股东与经营者之间的委托代理问题;另一种是控股股东或大股东与中小股东之间的代理问题。这种双重委托代理理论的核心是上市公司设计最优的治理结构和机制,既能控制和监督经营者行为,又能有效防止控股股东或大股东通过上市公司进行利益输送,获取自身利益,产生损害中小股东利益的行为。

由于我国当前上市公司的股权比较集中,控股股东或大股东能够控制上市公司的运营,中小股东与控股股东或大股东之间的委托代理问题显得比较

突出。在交叉持股过程中，中小股东没有机会参与被持股公司的决策制定，在大股东或控股股东参与的情况下，大股东和中小股东之间的利益诉求就会显得不一致，大股东希望从交叉持股中获取更多利益，而这些利益的获取恰恰侵害了中小股东的利益，因此在交叉持股过程中的代理冲突问题不可避免，大股东总是希望获得更多的利益，也总是希望向上市公司注入更高质量的资产，从而以较少的投入获得更多的股份，最终侵害中小股东利益，产生掏空行为。委托代理理论可以作为上市公司交叉持股的重要理论基础。

四、代理成本理论

20世纪30年代，美国经济学家Berle和Means发表了《现代公司与私有产权》，首先提出代理成本理论。之后，代理成本理论逐渐发展为公司治理理论中的一个重要分支，它的产生是企业制度结构演变的结果。

产业革命的兴起和发展衍生出委托代理制企业。在委托代理制企业中，资本的经营权与所有权相分离，资本所有者把企业的经营管理权委托给经理人，并赋予他们一部分决策权。由于委托人要求实现公司利润最大化，而代理人追求的是增加企业价值。委托人和代理人都会追求个人效用最大化，代理人一般不会主动为委托人的最佳利益付出努力，二者的目标存在偏差。客观上，代理人比委托人更具信息优势，在实际中掌握企业的日常经营和管理，比委托人拥有更多更直接的信息，于是，代理问题便产生了。

代理成本是指为监督约束委托人和代理人之间的利益冲突而形成一组契约所必须付出的成本，以及执行契约时成本超过利益造成的剩余损失。具体来说，代理成本分为三个部分：监督成本、担保成本和剩余成本。监督成本是指委托人的监督支出，即委托人用于管理代理人行为的费用。担保成本是指代理人保证不采取损害委托人行为的费用，以及如果采取了该活动，代理人将赔偿委托人的费用。剩余成本是指由于代理人的决策与委托人利益最大化的决策之间存在偏差而导致委托人利益的损失。

代理成本的存在使企业的效率受到损害。降低代理成本的实质是设计一个合理的激励约束系统，让代理人拥有剩余索取权，使之与委托人的利益一致，从而达到降低代理成本的目的。因此需重新规划企业的产权结构，赋予监督者一定的剩余索取权，允许监督者得到适当比例的剩余。在这种机制的激励下，监督效率与其获得的剩余正相关。通过产权结构的调整，可以发挥内部激励机制的作用，使代理人收益与企业业绩趋于一致，从而调动代理人的积极性。从静态上看，委托人损失了一部分利益。但是从长远来看，这是一个可持续发展的做法。由于部分剩余索取权激励机制的存在，代理人经营管控的积极性受到了极大的激发，从而使整个企业的绩效得到提升，这样便弥补了委托人的损失，甚至使他们获得额外收益。

代理成本理论为客观分析交叉持股对公司治理的影响提供了理论基础。现实中，赋予代理人剩余索取权很难实现，因为理性的代理人总会担心当他们投身到工作中，提高了企业的绩效，委托人又会将事先赋予他们的剩余索取权收回。交叉持股能够为该机制的实施提供制度保障。

五、经济协同效应理论

1965年，Ansoff H. I. 在《公司战略》一书中首次提出"协同"的概念，做出了开创性的贡献。在公司战略中，协同是指公司的各部分经过协调、协作形成拉动效应，使公司的整体价值大大超越原各部分价值的总和。协同的结果是使各部分获益，公司整体加强，导致公司各部门间属性互相增强，向积极方向发展的相干性即为协同性而研究事物的协同性，便形成协同理论。这一理论自提出以来便成为西方各大公司在制定多元化经营发展战略、策划并购活动时遵循的重要原则，它可以用来解释公司协调与合作的动因。

协同效应是指两家公司经过协调与合作后，公司的整体绩效超过合作前的预期绩效水平。公司交叉持股网络中的协同效应就是，公司之间合作、信息共享等活动所实现的公司绩效，高于公司之间不发生合作，各自经营发展所产生的公司绩效。如果所提高的公司绩效只是两家公司各自经营无须持股、合作就能够实现的，那么就没有形成协同效应。据以上分析可知，协同效应可以被解释为：

$$Value \sum_{i=1}^{n} B_i > Value(B_1) + Value(B_2) + \cdots + Value(B_n) \qquad (3-18)$$

其中，$Value \sum_{i=1}^{n} B_i$ 表示 i 家上市公司之间交叉持股后的公司绩效，$Value(B_n)$ 表示第 n 家上市公司的公司绩效。

由式（3-18）可知，协同效应并不是公司合作前所有公司经营绩效的简单相加，而是通过合作联盟所实现的超额绩效。

上市公司间交叉持股形成的经济协同效应主要体现在市场力量协同效应、

经营协同效应、管理协同效应和财务协同效应四个方面。

（1）市场力量协同效应，是指公司通过交叉持股相互结为联盟，可能会在市场上形成垄断地位。因此在买方市场或卖方市场上增强了议价能力，提高了与上下游行业的谈判能力，拥有更便利的原材料供应渠道和产品销售渠道，可以获得更低廉的原材料或出售更高价的产品，进而实现公司间联盟合作后市场力量的提升。

（2）经营协同效应，是指公司间的协调、合作促使企业生产经营活动效率的提高，并因此可以产生经济效益。主要表现为公司间的协调、合作能够发挥有效的规模经济效应，以使公司成本大幅降低或收益显著提高。此外，公司建立交叉持股关系后，还可以通过合作进一步扩大经营活动的范围，扩展业务规模。交叉持股能将不同行业甚至不同产业间的公司，或者同行业、不同发展阶段的公司联结在一起，形成合作，降低企业成本，获得长期而稳定的经营协同效应。

（3）管理协同效应，是指管理能力存在差距的两个企业实现并购之后，管理能力弱的企业将接受优势企业的影响，提高企业整体的管理能力。也就是说，并购后的企业管理能力将优于之前两个企业的单独管理能力。

（4）财务协同效应，是通过财务整合、内部审计控制以及税收减免等方面的改善，减少并购后企业的财务成本，实现降低风险、资本成本下降的目的。财务协同效应主要表现为通过提高资本运作效率、减少交易成本、防控财务风险，提高企业经济效率与效益，使并购后企业在财务方面形成优势。

公司通过交叉持股进行合作，可以形成彼此较为稳定的联盟关系，产生协同效应。因此，经济协同效应理论为上市公司交叉持股网络的研究提供了理论基础。

六、信息不对称理论

信息不对称理论又称非对称信息理论，主要是指在公司经营活动过程中，各方成员所获取的相关信息是有差异的。在市场中，各公司所掌握的信息不同，交易双方所掌握的信息也不同。信息拥有量直接影响成员所处的位置，掌握信息比较充分的一方通常处于比较有利的地位，而信息贫乏的一方则处于比较不利的地位。信息不对称理论现在被广泛应用于管理、教育、法律等研究领域。

信息不对称理论主要包括两点内容：第一，市场经济行为中有关交易双方之间的信息分布不对称，交易一方占有的相关信息比另一方占有的相关信息多；交易双方拥有的信息存在差异，甚至其他中介组织也无法验证。第二，交易双方对于其在交易中信息占有量方面的差异和地位都非常清楚，从而导致交易中总有一方会因为获取信息不完整而对交易失去信心。这种信息不对称的现象在市场交易中一般表现为两种结果：一种是交易中信息占有优势一方，总会做出一些不利于信息劣势一方的行为；另一种是交易中信息占有劣势的一方，不得不为信息占有优势方承担一定的风险，从而面临交易中的"逆向选择"风险。信息不对称必定导致信息优势方为牟取自身更大的利益而侵害信息劣势方的利益，从而导致两种风险产生——逆向选择风险和道德风险。这两种风险的产生可能会导致市场运行效率的降低，甚至造成市场交易的停顿。在自由市场经济中，针对信息不对称问题，需要研究合约的安排问题，减少信息不对称的危害，降低其对经济社会产生的危害，加强信息的流通和传递，发挥政府在市场交易中的调节作用。

信息的分布是极其不均衡的，各公司在经营活动过程中始终存在信息不对称的情况，交易通常面临着很大的不确定性，由此带来的经营风险可能会阻碍公司交易活动的有效开展。公司通过交叉持股建立稳定的联盟，将有利于加强合作和信息共享，减少合作双方的信息不对称。获取更多的有效信息，可以降低公司经营的不确定性，加强合作与共享，从而降低公司经营决策失败的风险，进而提升公司的绩效。

在中国上市公司的交叉持股过程中，也会出现信息不对称的现象，由于上市公司的股权相对比较集中，大股东尤其是控股股东控制上市公司的交叉持股运作过程，并且由于交叉持股制度的不完善、上市公司的治理机制不成熟，可能会造成在整个公司决策过程中上市公司之间的信息不对称。

交叉持股网络加强了上市公司间的合作和交流，降低了信息的不对称性，有利于公司的发展和壮大。因此，信息不对称理论也为上市公司交叉持股网络的研究提供了理论基础。

七、关联性契约理论

公司关联性契约理论的提出为股东异质性研究提供了理论依据。公司应当尽量满足异质化股东即不同利益群体的要求，从而在股东间建立起双赢的

良性关系。社会网络的基本组成就是存在于个体之间的种种社会关系，社会关系中潜在隐含着多种社会资源与信息，恰当地运用此类社会关系有助于促进公司价值的提升。具体而言，社会关系指的是存在于个体与个体之间或团体与团体之间，由于各种联结，通过沟通或接触而存在的一种无形的纽带。鲁兴启（2008）提出，由于中国特有的历史文化背景，决定了社会结构是一个以关系本位为基础的社会，所以，通过关系网络来为公司获取各种有利资源在中国的市场中仍然普遍存在。

现代企业理论将研究视角转向对公司内部关系的分析上，Gulati et al.（1999）提出，考虑到个体间的利益冲突，关联性契约模式强调公司中所有参与者之间的互动，应关注不同利益群体内外为公司发展做出贡献时的作用形式。这一新的公司契约模式理论的创新在于从单纯关注股东与公司间的关系发展到同时关注利益相关者之间的多元关系。因此，Bebchuk 认为，必须综合考虑不同的利益诉求，才能实现共同利益的最大化。

第二节 制度背景

在中国，上市公司之间的交叉持股行为可能同转轨经济与新兴市场特征、股权分置改革以及证券市场监管三个方面的制度背景密切相关。以下分别对上述制度背景进行论述。

一、转轨经济与新兴市场特征

1. 市场化进程与内部市场

从 1978 年开始，中国经历了从计划经济向市场经济转轨的过程。历经多年的经济体制改革，中国已经从一个典型的计划经济体制国家转变为初步建立市场经济体制的国家。

中国的市场化进程尚未完成，市场化发育程度相对较低，企业很难通过市场充分发挥资源配置功能，导致单一化企业运行成本较高。企业通过多元化经营形成内部市场，通过内部市场来对企业的资本进行配置，可以降低企业对融资成本较高的外部资本市场的依赖。同时，由于在内部市场的作用下企业可以在内部进行资本的调配使用，多元化企业降低了成本占经营所需资本的比重。因此，在中国的市场环境下，多元化企业可以通过内部市场实现资本在企业内部的最优配置，使企业各业务领域较好地实现协同效应。同时，内部市场的存在也会使多元化企业资本的使用率大幅度降低。为此，投资机会相对较好且价值相对较高的企业往往倾向于选择多元化经营战略，以期通过利用内部市场的资源配置功能，降低企业内部的交易费用并缓解专业化所带来的经营风险，从而取得较好的生存方式。

2. 多元化经营中的代理问题

企业多元化经营可以形成内部市场，提高资金配置的效率，或通过降低企业的经营风险提高企业的价值，从而对企业的绩效有积极的影响。但企业进行多元化的动机可能并不是为了增加经济效益或股东利益，而是出于管理者私利的目的。多元化经营下，企业管理者为谋取私利而进行的过度投资、对亏损企业的交叉补贴、多元化经营造成的额外信息成本以及多元化企业内部的寻租行为都将破坏内部市场的有效运行，降低企业的整体价值。

在中国转轨经济背景下，由于制度环境的不确定性以及政府对企业经营的干预等因素影响，企业的多元化也可能成为政府实现公共治理目标、管理者追求控制权私利最大化的工具，从而对公司价值带来负面影响。在高度不确定的制度背景下，企业产权保护不力，导致经营机会、经营权力、经营收益的可获得性等方面都面临不确定性，企业经营难以形成稳定的预期。管理者为追求任期内控制权和私有利益最大化，容易导致企业通过多元化发展追求短期利益。

二、股权分置改革

由于历史原因，中国资本市场存在股权分置现象，持有非流通股股份的大股东与持有流通股股份的中小股东同股不同权，大股东与中小股东的获利渠道存在巨大差异，从而导致大股东通过各种方式侵占中小股东利益的情况频繁发生，严重阻碍了中国证券市场的健康发展。

2004年2月，中国证券监管部门意识到长期分置的股权结构对中国经济发展所带来的严重危害，从中国股市的实际出发，颁布了《国务院关于推进资本市场改革开放和稳定发展的若干意见》（简称"国九条"），这一纲领是中国资本市场发展史上的里程碑。"国九条"指出：积极稳妥解决股权分置问题，稳步解决目前上市公司股份中尚不能上市流通股份的流通问题，在解决这一问题时，要尊重市场规律，有利于市场的稳定和发展，保护投资者特别

是社会公众投资者的合法权益。同时,还强调"坚持改革的力度、发展的速度与市场可承受程度的统一,处理好改革、发展、稳定的关系"。继"国九条"颁布后,2005年4月29日,证监会发布了《关于上市公司股权分置改革试点有关问题的通知》(简称"4·29通知"),提出了对价并轨的改革思路,并启动了这场处于经济转轨时期的中国股市特有的股权分置改革。

股权分置改革是指通过非流通股股东和流通股股东之间的利益平衡协商机制,消除A股市场股份转让制度性差异的过程。一般是上市企业非流通股东支付一定的对价给流通股东,以取得股票的流通权。股权分置改革有利于完善上市公司治理结构,深化国有企业改革,实现国有股权市场化动态估值,增强国有资产保值增值能力;有利于促进股权合理流动,发挥市场的资源配置功能;有利于上市公司充分利用境内外资本市场发展壮大,获得更加公平的资产估值,为上市公司进军国际市场,拓展更大的盈利空间开辟道路;有利于上市公司建立长效激励机制,促进上市公司持续发展;有利于开展金融创新。股权分置改革对交叉持股的投资者、大股东的行为可能产生的影响主要表现在以下两个方面。

1. 大股东与中小股东利益的初步关联

股权分置改革的弊端不在于上市公司股份不能自由流通,而在于由此所引发的利益分配问题。在股权分置条件下,大股东与中小股东之间不存在共同的利益基础,而且在某些情况下两者的利益处于对立和分割状态,因此,上市公司中大股东侵占中小股东利益的情况时有发生。股权分置改革后,股权获得全流通带来的最大变化在于,股东获得了平等的流通权利,同股同权、同股同质,大股东与中小股东之间的利益息息相关。

股权分置改革消除了股价分置,大股东与中小股东所持股份的价格相同,双方的利益通过二级市场的股价绑定在一起。二级市场股价上涨则大股东市值增加,小股东也实现盈利;二级市场股价下跌则大股东市值减少,小股东投资亏损。大股东与中小股东双方之间建立起"一荣俱荣,一损俱损"的利益关系。

此外,股权分置改革后,全流通的证券市场由于环境、条件和政策的变化,大股东的获利渠道也可能会发生变化,主要表现在三个方面:由利益掠夺转化为大股东利益基础;由侵占中小股东与上市公司利益转化为向市场获取利益;再融资不再是纯粹的圈钱手段。

2. 中小股东和机构投资者对大股东行为的制约能力增强

股权分置改革前，由于"一股独大"和内部人控制的股权结构，以及非流通股股东（主要是大股东）与流通股股东之间同股不同权，大股东与二级市场的股价关系不显著，中小股东以及其他机构投资者无法通过"用脚投票"的方式影响上市公司的股价，进而对大股东的行为进行有效约束。

股权分置改革后，中国资本市场逐渐步入投资者主权时代，投资者手中握有选票，拥有上市公司的定价权和购买权，再融资的价格日益市场化，投资者行为对上市公司市场表现的影响越来越明显。中小股东的利益若受到大股东的侵占，那么，中小股东势必会集体采取"用脚投票"，股价的下跌最终也会影响大股东自身的利益。同时，股权分置改革之后，上市公司普遍建立了投资者关系管理制度，有助于投资者与潜在投资者更加准确、真实、有效地获得上市公司信息，促进其对公司的了解与认同。投资者关系管理制度的确立使中小股东获得了与大股东平等交流的机会，一定程度上抑制了大股东选择性信息披露和侵占中小股东的行为。

综上所述，股权分置改革之后，由于大股东与中小股东利益的初步关联，以及中小股东对大股东行为的制约能力增强，大股东侵占中小股东利益的行为受到一定程度的制约。但在股权分置改革开始后，中国上市公司"一股独大"与内部人控制的股权结构并没有得到根本改变，大股东与中小股东之间的代理冲突问题依然存在。因此，本书认为，在股权分置改革后，大股东依然可以通过各种方式影响中小股东与上市公司的利益。

三、证券市场监管

证券市场监管是指证券管理机关运用法律的、经济的以及必要的行政手段，对证券的募集、发行、交易等行为以及证券投资中介机构的行为进行监督与管理。各国对证券市场的监管模式大体分为三种：一是政府集中管理型，即由政府依据法律法规对证券市场加以全面监管，其代表是美国；二是自律性管理型，主要由证券交易所及证券交易商协会等机构管理证券市场，政府较少干预，其代表是英国；三是中间性管理型，它既强调立法管理，又注重自律性管理，其代表是德国。

中国证券监督管理委员会（以下简称"证监会"）成立于1992年10月，并于1999年7月初步形成了集中统一的证券监管体制。经国务院授权，证监会从成立之日起就依法对全国证券期货市场进行集中统一监管，成为中国证券市场最主要的监管部门。证监会对中国证券市场的监管涉及证券发行、证券投资、证券交易、证券服务、券商监管、创新监管等多个方面。本书在重点关注证券市场监管对信息披露质量和投资者保护状况产生的影响的基础上，进一步研究证券市场监管能否对大股东的不良动机起到制约作用。

在中国证券市场上，企业为了达到上市条件以及避免被ST或PT而进行盈余管理的现象普遍存在。上市公司为了融资而进行参股、配股等交叉持股行为的现象也时有发生。大股东或者管理者为了实现特定目的而在上市公司进行会计舞弊的事件也普遍存在。如果上市公司披露信息质量较差，信息就会出现严重的失真现象。在信息披露质量较差的背景下，公司投资者或持股公司难以获取准确信息，更难对上市公司的价值评估做出合理判断，广大投资者可能会进行"逆向选择"，做出错误的决策。

第一，在信息不对称的情况下，上市公司的大股东或管理层也可能会在各种虚假的会计信息的"掩藏"下，从上市公司转移资源，侵害中小股东的利益，从而产生道德风险。因此，上市公司信息披露质量较低将会产生严重的内部性问题，从而降低投资者的信心，可能会给证券市场的发展带来不利影响。第二，中国证券市场上，中小股东利益的法律保护机制比较匮乏。在缺乏相应的法律约束制度的背景下，大股东会通过各种方式进行掏空行为，侵占中小股东利益的动机也更加强烈。

为了有效解决证券市场中上市公司信息披露质量较低而引发的各种问题，证监会协同其他政府部门采取了包括检查信息质量、增强信息披露质量、强化公司治理监管和内部控制体系建设等一系列措施。这些监管措施可以提高上市公司信息披露的质量，对企业的发展起到促进作用，可以降低投资者进行"逆向选择"的概率，减少大股东发生"道德风险"的可能性。此外，证监会还通过健全监管体系、提高团队人员素质、加强上市公司违规行为的检查力度等各种有效手段，明显改善了投资者保护的状况，约束了大股东的不良动机和行为，规范了上市公司之间的持股行为。上述种种措施对中国证券市场上尚不完善的法律制度产生了相应的替代效应，弥补了法律制度的缺失。

综上所述，本书认为，证监会可以通过中国证券市场的监管提高信息披露质量，加强投资者的保护力度，降低大股东对中小股东利益侵占的可能性，保护中小股东的合法利益，规范上市公司的参股、配股等交叉持股实践行为。

第三节　本章小结

交叉持股与交叉持股的经济后果研究是公司财务研究领域的核心主题之一,大量的文献分别从持股比例、股权性质、控制权与现金流权分离等方面入手细致剖析了交叉持股问题,但并没有得出一致的结论,而且现有文献主要是从产权的维度,以单纯股权比例对股权结构进行刻画,多数研究只是在指标和样本的选取上存在差异。为此,有研究指出,现有股权结构的研究不足以支持公司财务与公司治理研究,从关联网络的角度探究交叉持股问题是上市公司股权结构深化研究的一个重要方向。而上市公司之间的持股关联网络将如何演变并影响利益相关群体及其产生的经济后果,是值得进一步探索的问题。

本章主要梳理了交叉持股网络的相关理论基础,包括复杂网络理论、经济协同效应理论和信息不对称理论等,为本书的研究奠定了理论基础。首先,就复杂网络的相关理论进行了整理,归纳总结了复杂网络的基本统计特性,并重点介绍了四种经典的网络模型,尤其是对小世界网络和无标度网络的相关理论进行了详细论述;其次,对社会网络理论、委托代理理论、经济协同理论、信息不对称理论和关联契约理论进行了概述;最后,从转轨经济和新兴市场特征、股权分置改革以及证券市场监管三个方面对相关制度背景做了分析和讨论。

第四章

交叉持股网络的基本概念与特征分析

第四章　交叉持股网络的基本概念与特征分析

自 1998 年我国第一个上市公司交叉持股案例——广发证券与辽宁成大互为对方第二大股东以来，交叉持股上市公司的数量逐年增多，日益普遍，并且上市公司之间通过持股联结可以形成错综复杂的网状结构。然而，我国上市公司交叉持股具有哪些现状特征？上市公司之间形成的交叉持股网络如何定义？交叉持股网络又具有哪些特征？这些都是本章要研究的问题。

第一节　交叉持股的内涵

一、交叉持股的概念

交叉持股，也称为相互持股、交互持股或相互参股，它在英文文献中的表达并不统一，最常见的有 Cross‐Ownership, Cross‐Shareholding, Cross‐Holdings, Cross Corporate Ownership, Reciprocal Ownership, Reciprocal Shareholding 等，既可以指公司法人之间双向的持股关系，也可以是公司法人之间单向的持股关系。交叉持股一般被认为是两家或两家以上的公司，基于某种特定的目的，持有对方公司所发行的股份，进而彼此之间形成相互持股的行为。由于研究角度不同，目前学者们对交叉持股概念的界定也不尽相同，其中主要观点有以下几种。

（1）非母子公司关系视角。交叉持股是指两家非母子关系的上市公司之间通过股权投资建立起的联系，形成了公司间彼此关联又相互制约的关系；由于双方持股关系的存在，持股比例是持股公司对被持股公司影响程度的一种体现，交叉持股水平达到影响对方公司生产经营活动，同时又未达到控制的关系。

（2）母子公司关系视角。交叉持股是指母、子公司之间或子公司之间通过持有对方股份而形成的，达到直接或间接控制与被控制的关系。从这个角度看，交叉持股关系仅限于达到控制程度的母、子公司之间或子公司之间。

（3）双向投资视角。交叉持股是针对两家独立的上市公司而言，两家公司直接出资，相互持有对方公司的股份，相互成为对方公司的股东。这个角度是从双向投资的视角定义的，属于狭义的交叉持股，因而又称为直接交叉持股、单纯型交叉持股。

（4）单向投资视角。交叉持股除包括两家公司间直接相互持股以外，还包括三家或多家上市公司间互相出资，间接地持有股份，形成三角形或环形的持股关系。例如，A 公司持有 B 公司的股份，B 公司持有 C 公司的股份，并且 C 公司持有 A 公司的股份，形成了三角形的持股关系。这个角度是从单向投资的视角界定的，属于广义的交叉持股，又称为间接交叉持股、复合型交叉持股。

虽然上述对交叉持股的概念基于不同的视角进行了各不相同的界定，但归纳起来也存在共同之处，即交叉持股是指公司法人作为股东通过持有对方公司一定比例的股份，进而在公司之间形成一种长期而又稳定的持股关系。

基于上述对交叉持股概念不同视角的理解，本书研究的交叉持股侧重广义交叉持股的观点，认为上市公司的交叉持股不仅包括一家上市公司持有另一家上市公司股份（单向持股）的现象，也包括上市公司之间相互持有股份（双向持股）的现象。

二、交叉持股的分类

随着经济与资本市场的发展，我国上市公司之间的交叉持股数量逐渐增多，形态也越来越多样，越来越复杂。按照不同的标准可以划分不同的类型，为了更加清楚地理解上市公司交叉持股的类型，对比几种不同的交叉持股分类，本节将按照以下四种不同的标准对交叉持股进行分类，包括方向特征、结构特征、控制关系、持股目的，具体如表 4-1 所示。

表 4-1 交叉持股的主要类型

划分标准	交叉持股类型	类型描述
方向特征	双向交叉持股	两家上市公司之间相互持有股份
	单向交叉持股	一家上市公司持有另一家上市公司股份但不反向拥有的持股形态
结构特征	直线型交叉持股	多家公司首尾相连的持股形态，但不反向持股，是单向持股的特殊形式
	环型交叉持股	多家公司之间相互持股，形成一条封闭的环型持股系统
	网型交叉持股	多家公司之间相互持股，且任意两家公司之间都存在持股关系
	放射型交叉持股	以一家公司为中心，分别与其他公司持股，但其他非中心公司之间不存在持股关系

续表

划分标准	交叉持股类型	类型描述
控制关系	垂直型交叉持股	基于母、子公司之间形成的,存在控制与被控制关系的持股形态
	水平型交叉持股	非母子公司之间,未达到控制与被控制关系的持股形态
持股目的	战略型交叉持股	基于长期战略目标的实现和获取长期投资收益而形成的协作关系
	财务型交叉持股	基于获取短期投资利益为目的而形成的持股关系
	被动型交叉持股	基于非公司本身意愿而形成的间接持股形态

在我国证券市场中,上市公司之间交叉持股的类型多种多样,主要可以归纳为上述分类中的几种。交叉持股的形态可能是其中的一种,也可能是几种形态的组合,因此证券市场中交叉持股现象更加复杂和多样,不断扩大和延伸公司之间的链接,进而形成复杂的网络形状。

第二节 我国上市公司交叉持股的现状特征分析

我国上市公司交叉持股现象出现较晚,但通过对沪深 A 股上市公司交叉持股数据的整理,发现其数量基本呈逐渐上升趋势。统计显示,从 2007 年至 2013 年,我国涉及交叉持股关系的上市公司由 493 家增长至 520 家,各年交叉持股上市公司数目占当年 A 股上市公司总数的 20% 左右。其中,2010 年这一比例高达 20.89%。

一、交叉持股上市公司的行业分布

交叉持股上市公司在各个行业中均有所涉及,在制造业中最为活跃,仅 2013 年制造业上市公司便约占交叉持股样本公司总数的 45.58%,其次是批发和零售贸易行业,这两个行业交叉持股的公司数量超过了总交叉持股样本数量的 50%,剩余的交叉持股公司在其他 11 个行业中零星分布(如表 4-2 所示)。交叉持股关系主要分布于制造业和批发、零售贸易行业,主要是因为在我国,制造业和批发零售业较其他行业发展较为完善,行业内已经形成了比较成熟的市场竞争环境。这些行业的企业更热衷于通过交叉持股在资金上实现互为调剂,在战略上结为联盟,以提高企业自身的市场竞争力。

表4-2 交叉持股公司的行业分布（单位：家）

产业分类	行业分类	2007年	2008年	2009年	2010年	2011年	2012年	2013年
第一产业	A 农林牧渔业	5	6	5	5	5	5	2
	第一产业总计	5	6	5	5	5	5	2
第二产业	B 采掘业	6	7	10	10	10	21	18
	C 制造业	240	236	235	251	245	269	237
	D 公用事业	23	23	24	27	24	19	24
	E 建筑业	8	11	12	12	12	20	18
	第二产业总计	277	277	281	300	291	329	297
第三产业	F 交通运输业	19	17	22	27	25	20	24
	G 信息技术业	24	24	23	22	22	19	37
	H 批发和零售贸易	57	58	57	61	57	47	56
	I 金融、保险业	22	22	23	26	24	38	41
	J 房地产业	38	40	41	44	40	32	32
	K 社会服务业	16	16	15	15	15	18	16
	L 传播与文化产业	5	7	8	9	8	6	7
	M 综合类	30	33	30	30	30	5	8
	第三产业总计	211	217	219	234	221	185	221
	总计	493	500	505	539	517	519	520
	交叉持股公司占A股上市公司比例	19.11%	19.38%	19.57%	20.89%	20.04%	20.12%	20.16%

资料来源：根据国泰安CSMAR公司研究系列数据库、证券时报网站中交叉持股相关信息数据整理获得。

从上市公司交叉持股的行业分布现状来看，我国证券市场上交叉持股的现象普遍存在，且各行业均有不同程度的涉及。但整体而言，从行业分布来看，制造业上市公司的交叉持股现象最为集中，从产业分布来看，第二产业上市公司交叉持股表现最为活跃。由于第三产业所涉及的行业较多，交叉持股上市公司的数量仅次于第二产业。

二、交叉持股上市公司的地域分布

交叉持股上市公司地域分布广泛，在我国各大地区均有所涉及，大多省

第四章 交叉持股网络的基本概念与特征分析

域内也有所涉及,主要分布于华东地区和中南地区①,特别是在华东地区,交叉持股上市公司的数量最多。2007—2013 年,我国华东地区交叉持股公司数量约占全 A 股交叉持股公司总数的 40% 左右,比重相当大。由此可见,交叉持股上市公司在我国沿海及经济发达地区分布最为集中(如图 4-1、图 4-2 所示)。

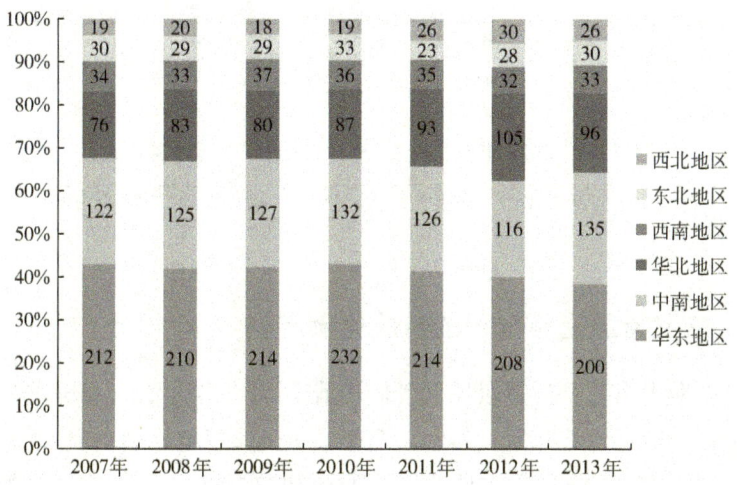

图 4-1　交叉持股公司的地域分布(单位:家)

资料来源:根据国泰安 CSMAR 公司研究系列数据库、证券时报网站中交叉持股相关信息数据整理获得。

在华东、华北、东北、西北、中南、西南六大区域中,大批优秀的大中型上市公司以沿海及经济发达的华东地区和中南地区为中心地带,自东向西、由南向北通过持股关系联结全国经济区域的上市公司,形成辐射效应,也带动了其他区域经济的高速发展。也就是说,上市公司凭借持有对方公司股权的关系,引入发达地区的优质资源到其他持股上市公司所在的区域,进而推动了整体国民经济的良好运行与发展。

---

① 地域划分,华东地区:上海、山东、浙江、江苏、福建、江西、安徽;华北地区:北京、天津、河北、山西、内蒙古;东北地区:黑龙江、吉林、辽宁;西北地区:陕西、甘肃、宁夏、青海、新疆;中南地区:河南、湖北、湖南、广西、广东、海南;西南地区:四川、重庆、云南、贵州、西藏。

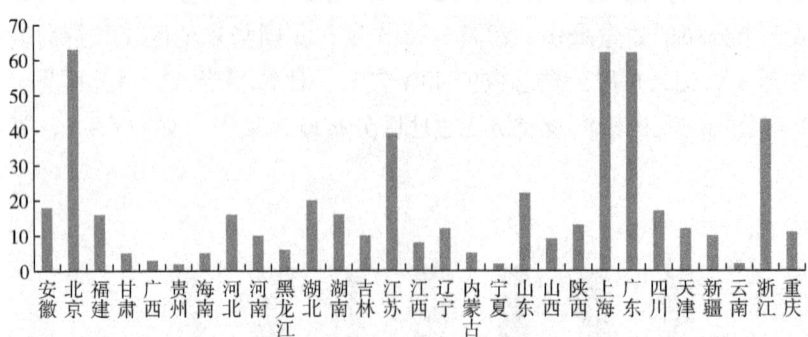

图4-2 2012年交叉持股公司的省域分布（单位：家）

资料来源：根据国泰安 CSMAR 公司研究系列数据库、证券时报网站中交叉持股相关信息数据整理获得。

三、交叉持股上市公司的持股比例结构

交叉持股上市公司的持股比例较低，截至2013年年底，我国沪深A股交叉持股上市公司共计520家。其中，上市公司交叉持股比例小于1%的公司有379家，数量最多，约占全A股交叉持股公司总数的70%以上；持股比例在1%至5%之间（包含持股比例1%）的公司有80家，持股比例在5%至20%（含5%）之间的公司有61家（如图4-3所示）。

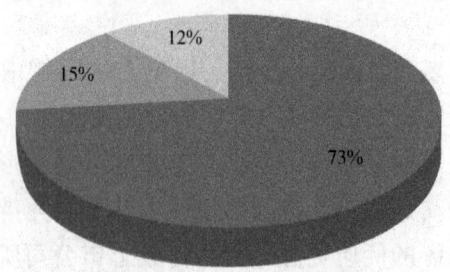

图4-3 2013年交叉持股公司的持股比例

资料来源：根据国泰安 CSMAR 公司研究系列数据库、证券时报网站中交叉持股相关信息数据整理获得。

从上市公司交叉持股的持股比例来看,大部分公司的持股比例较低,难以与被持股公司发展有效的协同效应。交叉持股不仅对持股上市公司具有重要影响,也涉及被持股公司的经营活动等各方面,影响被持股公司的发展和壮大。交叉持股对被持股上市公司的影响程度取决于持股强度,即持股比例以及持股上市公司的股本规模。上市公司交叉持股的比例越高,被持股公司的股本越小,那么持股公司对被持股公司的影响就越大。目前,我国上市公司大多以获取短期投资收益为主,公司之间的投资比例普遍较低,且时间较短。因此,上市公司之间的交叉持股比例一般也较低,这种低比例的持股通常无法对被持股公司的生产经营活动以及公司决策起到较大作用。因此,应当加大上市公司之间的战略性交叉持股比例,这有利于降低公司交易成本、提高经营绩效,公司之间经营管理和财务的协同效应也便于实现且更为有效。

四、交叉持股上市公司的财务特征

从以上交叉持股上市公司的行业分布结构、地域分布结构和持股比例的描述分析可知,我国交叉持股上市公司数量多,行业、地域分布广泛且呈明显的集聚性,持股比例普遍较低,交叉持股在我国企业发展中具有明显的重要性。与此同时,交叉持股上市公司还具有一些共性的财务特征。

通过对2007—2013年我国交叉持股上市公司的财务状况、经营业绩等的分析,发现交叉持股上市公司具有经营业绩优势,但股价波动性较大。一方面,与非交叉持股上市公司相比,交叉持股上市公司的资产规模在生产经营中具有绝对的优势,较大规模的企业资产和股本不仅可以有效地防范和控制公司的市场风险,更在一定程度上代表了公司的实力;与非交叉持股上市公司相比,交叉持股面临的财务压力更大,但如果合理地利用财务杠杆效应,也能够获得更高的资本收益;与非交叉持股上市公司相比,交叉持股的盈利能力具有一定的优势,可以通过合作、多元经营等促进公司经营业绩的提高。另一方面,交叉持股上市公司通过持股相互联结,彼此相互影响,处于交叉持股链条中的任何一家上市公司如果发生危机或倒闭等情况,交叉持股关联方便会受到影响,呈现出较大的波动性。

第三节 交叉持股网络的概念界定

一、交叉持股网络的定义

上市公司作为经济活动的个体,在其经营过程中也会受到其他不同公司的影响。为了更完善地研究公司交叉持股,本书选取上市公司之间通过持股关系互相联结而形成的交叉持股网络为研究对象。由于上市公司交叉持股网络是社会网络的一种,故在定义交叉持股网络之前需要先厘清社会网络的概念。

社会网络是社会个体成员之间因为互动而形成的相对稳定的社会关系体系,如通过友谊、贸易、沟通和建议等关系联系起来的节点形成的网状结构,社会网络关注的是成员之间的互动和联系,社会互动会影响成员的社会行为。如果用图论表达,一个社会网络就是一张图,是节点和他们之间关系的组合,所以一个社会网络包含了节点和线两种集合,同时还赋予了节点和线的社会学意义:节点可以代表一个人或一个组织,线则代表节点之间的联结关系,也称为边。社会网络分析要探讨的正是各个节点之间的社会关系以及网络结构。目前,该理论已经超越了个人间关系的范畴,将经济组织和社会团体等涵盖进来,通过用企业间的关系代替社会关系,用企业节点代替个人节点,建立起企业间网络的概念。

基于以上对社会网络概念的分析,本书将交叉持股网络定义为:存在交叉持股关系的上市公司个体以及上市公司之间通过持有股份而形成的直接和间接联结关系的集合。在交叉持股网络中,节点就是网络中的单个上市公司;节点之间的边为公司之间的交叉持股关系。如果一个上市公司持有另一个上市公司的股份,那么这两个公司便是相连的。交叉持股网络有两个重要特征:首先,上市公司作为独立的个体本身(作为图论中的点);其次,上市公司之间实际存在的持股关系而带来的相互间的联结关系(作为图论中的边)。

交叉持股网络是一些公司之间复杂的持股关系中形成的相对稳定、正式的网状股权结构关系。交叉持股网络既可以规避交易风险、财务风险,又可以抵御恶意收购,是迅速变化的市场环境下解决公司治理问题的一种模式,并基于一定的动机按照利己连接原则来实现。因此,交叉持股网络的形成并

第四章 交叉持股网络的基本概念与特征分析

非是公司活动的随机模式，而是遵循一定原则的选择模式。

二、交叉持股网络的边界

社会网络是由节点和联结关系组成的集合，因而可以从节点和关系两个方面来界定交叉持股网络的边界。首先是交叉持股网络中节点的边界。在定量化研究交叉持股网络时，如果没有完全包括所有相关的公司个体，就有可能会人为地隔断某些网络节点而导致定量化描述数据失真。因此，交叉持股网络的研究应尽可能保证网络节点的完整性。

其次是交叉持股网络中联结关系的边界。本书将交叉持股网络的联结关系限定为上市公司通过持有股份而形成的直接和间接的联结关系，从而区别于通过其他维度定义的联结关系（比如，合作伙伴、下属公司、竞争对手等）。并且上市公司之间通过交叉持股产生的网络能够找出相互之间的直接联结关系，可以通过公开数据来进行搜集并能够较系统地计量。当然，上市公司其他维度的联结关系无疑也会对公司的治理行为产生影响，但其他联结关系类型并不影响本书对交叉持股网络特征的分析。

第四节 交叉持股网络的社会网络特征分析

作为社会网络的一种类型，交叉持股网络也同样具备其他社会网络所共有的一般特征，因此可以用社会网络分析的核心理论，对其镶嵌性、联结强度和结构洞特征来进行分析。

一、镶嵌性特征

Granovetter 认为，任何一个经济行为都是镶嵌于社会网络之中的，个人行为在互动过程中相互影响。社会网络行动者的行为既是"自主"的，同时又"嵌入"网络中，在完成决策的过程中，行动者不仅要考虑其活动所带来的后果，还受到活动所处的社会网络关系和结构的限制。此观点避免了低度与过度社会化，可见，行动者在一个网络中不是孤立的，是在动态的互动过程中相互影响的。

上市公司交叉持股网络的联结关系可以清楚地描述交叉持股网络的镶嵌特征。假设总共只有 A、B、C 三家持股上市公司，其中，A 公司持有 3 家上市公司的股权,即 A 公司为持股公司,H11、H12 和 O1 为被持股公司。B 公司持有 H21、H22、O1、O2 和 O3 五家上市公司的股权,C 公司则持有 H31、H32、H33、O1 和 O3 五家上市公司的股权。O1 分别是 A、B、C 三家公司的被持股上市公司,O3 是 B 公司和 C 公司的被持股上市公司。显然,A、B、C 三家公司因为共同持股 O1 和 O3 而发生网络连接关系,由此形成了交叉持股网络,主要联结关系如图 4-4 所示。

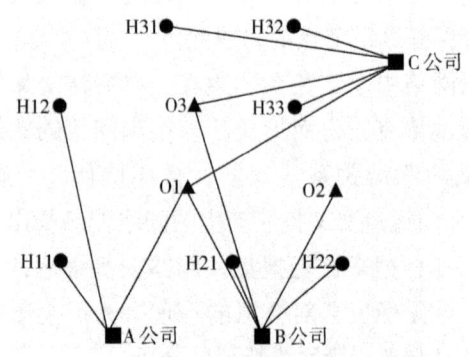

图 4-4 上市公司交叉持股网络的主要联结关系

按照公司治理理论,在其他背景类似的情况下,O1 和 O2 公司在 B 公司中发挥的公司治理效果相似。但从网络的视角来看,O1 公司通过自己的镶嵌地位,会在 A、C 公司以及 A、C 的持股公司(如 H11 和 H31 等多家公司)的业务交流过程中获取更多的信息和资源,而且,A、B、C 所控制的其他公司间的交流也会因为 O1 公司的联结功能而更加通畅。与此同时,O1 在规避交易风险、降低交易成本等方面比公司 O2 更有优势。因此,与 O2 相比,O1 在 B 公司中所发挥的公司治理作用更加有效,这就是交叉持股网络镶嵌性特征所需考虑的因素。

按照社会网络理论,公司持股行为会受到所处的交叉持股网络的影响,持股行为的这种嵌入性调和了低度社会化和过度社会化的观点。一方面保留了决策中公司的个体意志,公司依据自身的业务、经营理念和偏好做出决策;另一方面又把其持股行为和决策置于持股关系的互动网络中分析,在公司做一项具体选择决策前,会和所处的网络不断地交换信息,获取资源,从而会影响和改变偏好,所以公司的持股行为既是自主的,也是"镶嵌"于互动网络中,在遵循一定的原则选择持股对象时会受到社会网络的影响,或基于某些特定目的主动持有其他公司股份。

二、联结强度特征

Granovetter 最先提出了联结强度的概念,认为联结是因为人与人、组织与组织之间发生交流和接触而存在的一种纽带关系,并将联结分为强联结与弱联结两种。强联结通常在社会经济特征类似的个体之间发展起来,而弱联结通常在社会经济特征不同的个体之间发展起来。由于群体内部相似性高的个体对事物、事情的了解通常是相似的,分布范围较窄,所以通过强联结而获取的资源具有冗余性和同质性。弱联结发生在相似性比较低的个体之间,分布范围更广,跨越了社会界限,能够获取不同的信息,充当信息、知识和其他资源的桥梁,将某些群体内部的信息、资源传递给不属于该群体的其他个体。因此,弱联结在个体、群体和组织之间建立的纽带关系能够传递信息、资源,发挥信息桥的作用,而强联结往往处于群体内部,主要发挥维系组织内部关系的作用。

仍然以 A、B、C 三家上市公司为例说明交叉持股网络中的联结强度识别。将图 4-4 描述的上市公司交叉持股网络联结关系图进行拆分,如图 4-5 所示。同时,将网络中公司之间直接持股关系界定为强联结,以实线表示;间接关系界定为弱联结,以虚线表示。

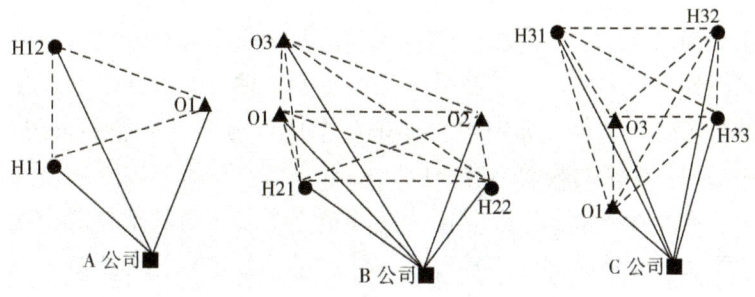

图 4-5 不同类型交叉持股网络关系

由于 O1 同时被 A、B、C 三家上市公司持有股份,与 A 公司有 3 条联结关系,与 B 公司有 5 条联结关系,与 C 公司也有 5 条联结关系,联结关系总数为 13。但是,考虑到 O1 和 O3 同时为 B 公司和 C 公司的被持股上市公司,所以可看作 1 条联结关系,O1 和 O3 的关系数量抵消 1 条,因此 O1 在总的网络结构中共有12条联结关系。O2只被B公司持股,有5条联结关系,O3既被B公司持股,同时也被C公司持股,与B公司有5条联结,与C公司也有5条联结,合计共有9条有效联结。从三家控股公司整体的网络结构来看,O1在三家公司中均为被持股公司,拥有的网络关系最多,O3次之,O2拥有的网络关系最少,且均同时拥有强联结关系和弱联结关系。所以,O1对三家持股上市公司的决策、业务、资源和公司治理信息都比较了解。在其中任何一家持股公司发挥公司治理职能时,其掌握的信息、资源等的异质性和广泛性就会体现在具体的公司治理决策中。O1可以借助交叉持股,有效地实现与A、B、C三家公司的业务协作、优化资源配置和交换专有技术等整合优势,与此同时,A、B、C三家公司也因为O1公司而建立起信息通道。

三、结构洞特征

结构洞是社会网络中两个体之间关系的缺失或存在的空隙。基于结构主义视角的结构洞理论认为个体的社会网络有两种形式:无洞结构网络和有洞结构网络。前者的特征是,网络中任一个体与其他所有个体均有联结关系,网络中任何个体之间不存在关系间断现象。后者的特征是,网络中某个体与其他一些个体有联结关系,但也与部分个体未发生直接联结,个体之间会存在关系间断现象,即所谓的"结构洞"。与密集网络相比,充满结构洞的稀疏网络具有更大的优势。在密集网络中,每个个体所获得的信息基本相似,而在关系比较稀疏的网络中存在一些结构洞,处于结构洞地带的个体可以接触许多彼此不相连的个体,能够获得大量非重复性信息,加快了异质信息的传递,这种结构对该个体非常有利。如果该个体作为互不关联群体间的桥梁,那么这种结构所带来的收益会进一步扩大。

在交叉持股网络中,每个公司的部分被持股公司与其他持股公司之间没有直接的联系,而是通过交叉持股公司的关系间接接触,因此整个上市公司交叉持股网络充满了结构洞。其中,部分公司通过在不同公司之间持股或被持股而在公司信息传递网络中形成了信息持有优势和控制优势,在整个上市公司交叉持股网络中具有结构洞优势,而共同被持股公司作为信息传递的媒介发挥了信息桥的作用,使整个交叉持股网络的信息沟通畅通,信息异质性和交流性得到提高。

图4-6是A、B、C三家持股公司与被持股公司汇总后的交叉持股网络,

可以发现，如果 O1 不同时被 A 公司和 B 公司持股，那么 A 公司的其他被持股公司 H11、H12 与 B 公司的 H21、H22、O2 和 O3 不存在联系，A 公司和 B 公司就形成了一个结构洞，所以被持股公司 O1 便是连接 A 公司和 B 公司的桥梁。充当桥梁的行动者属于弱联结关系，O1 与 A 公司和 B 公司的所有被持股公司都是弱联结关系。如果 O1 和 O3 都不是共同被持股公司，分别只被一家公司持股，那么，图 4-6 所描述的交叉持股网络中的三家上市公司 A、B、C 将互不联结。

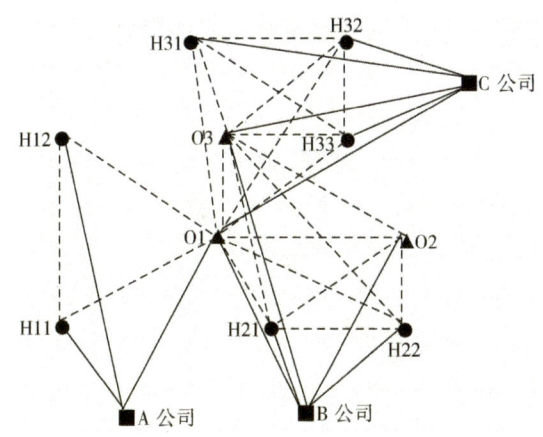

图 4-6　上市公司交叉持股网络关系

第五节　本章小结

本章主要阐述了交叉持股的关键概念，分析了我国交叉持股的现状特征，此外还探讨了交叉持股网络的社会网络特征。首先，阐述了交叉持股的内涵，包括交叉持股的概念和交叉持股的分类，根据不同标准对交叉持股的类型进行划分。其次，分析了我国上市公司交叉持股的现状特征，分别从行业分布结构、地域分布结构、持股比例结构以及财务特征四个维度对交叉持股上市公司的现状特征进行描述分析。最后，探讨了交叉持股网络的社会网络特征，对交叉持股网络的概念进行界定，并基于社会网络核心理论分析交叉持股网络特征。本章的主要结论包括以下几点：

（1）我国交叉持股上市公司数量较多，行业和地域的聚集性明显，持股

比例普遍偏低，经营业绩优势显著，但股价波动较大。

（2）交叉持股公司镶嵌于社会网络中，因此公司的交叉持股行为既是自主的，同时也受到社会网络的影响，这种嵌入性调和了交叉持股行为的低度社会化和过度社会化。

（3）交叉持股网络的弱联结优势更明显，共同被持股公司拥有较多的弱联结关系，所掌握的异质性信息更多，接触的差异性资源更丰富，充当着交叉持股网络之间的"桥"功能。

（4）交叉持股网络位于结构洞位置的公司具有信息持有优势和控制优势，能够获得大量非重复性信息，加快异质性信息的传递。

第五章

交叉持股网络结构特征及演变分析

第五章 交叉持股网络结构特征及演变分析

上市公司交叉持股网络的结构是公司间持股关系的存在形式，是上市公司之间资本运作和经营发展的方式及手段，由于持股的数量、方式等随着时间的推移会发生变化，必然会引起网络结构的演变。对上市公司交叉网络的结构特征及其演化规律的研究是本书研究的基础和重要内容。本章从公司和区域两个层面分析中国上市公司交叉持股网络在拓扑结构、凝聚结构、层级结构上的特征及演化规律。

第一节 交叉持股网络构建

一、模型建立

上市公司交叉持股是由许多公司组成的典型的复杂网络，上市公司资源、资金在企业之间持续循环流动。本书以公司作为节点，以上市公司之间的持股关系作为边，连边的方向反映了两家上市公司的持股方向，构建上市公司交叉持股关系有向复杂网络。其中，持股对应于上市公司的流出，被持股对应于上市公司的流入。

在无权有向复杂网络中，将上市公司交叉持股网络抽象描述为一个由各个上市公司为节点所组成的点集 N 和边集 E 构成的连通图 $G = (N,E)$，其中，$N = \{n_i; i = 1,2,\cdots,n\}$，$n$ 为网络节点数；$E = \{e_i; i = 1,2,\cdots,m\}$，$m$ 为网络实际边数，集合元素 e_i 取值 1 或 0 表示连边是否存在交叉持股关系。在上市公司交叉持股网络的邻接方阵中，若第 t 年 i 公司持有 j 公司股份，则邻接方阵中 $a_{ij}(t) = 1$，在复杂网络中建立一条从节点 i 到节点 j 的边；若第 t 年 i 公司与 j 公司没有持股关系，则邻接方阵中 $a_{ij}(t) = 0$，在复杂网络中从节点 i 到节点 j 没有边存在。

二、数据来源和样本选取

为建立上市公司的交叉持股动态网络，本书选取 2007—2013 年发生交叉持股行为的沪深 300 指数上市公司为研究对象。沪深 300 指数是由上海证券交易所和深圳证券交易所联合编制的，其样本是在所有 A 股上市公司中选取最具市场代表性的 300 家样本公司，其中，沪市有 179 家，深市有 121 家，于 2005 年 4 月 8 日起正式发布。沪深 300 指数上市公司的样本选择标准为规模大、流动性好的股票，它们的交叉持股行为能较为客观地反映上市公司之间的内在持股关系。而且沪深300指数样本覆盖了沪深市场六成左右的市值，具有良好的市场代表性；与全样本上市公司相比，沪深300指数中交叉持股公司所占比例更大，交叉持股关系更为聚集和密集；并且交叉持股公司数量逐年增多，在沪深300指数中所占比例逐年增大。因此，以涉及交叉持股行为的沪深300指数上市公司为研究对象，研究沪深300指数交叉持股网络的内在性质及其演化规律，可以更为集中地反映中国证券市场上市公司持股关系的内在联系。

本书有关上市公司交叉持股的数据来源于国泰安数据库（CSMAR）和证券时报网站，根据数据库中披露的2007—2013年沪深300指数上市公司中涉及交叉持股行为的数据，建立交叉持股网络模型，对中国上市公司间的交叉持股网络进行刻画。研究期间内所涉及的上市公司数据统计情况如表5-1所示。

表5-1　沪深300指数上市公司交叉持股样本数据统计（单位：家）

年份	交叉持股公司数量	沪市	深市	交叉持股公司占沪深300指数比例
2007	171	102	69	57%
2008	160	98	62	53%
2009	138	90	48	46%
2010	205	126	79	68%
2011	176	112	64	58.7%
2012	193	133	60	64.3%
2013	186	130	56	62%

资料来源：根据国泰安CSMAR公司研究系列数据库、证券时报网站中交叉持股相关信息数据整理获得。

第二节　交叉持股网络演变过程

交叉持股网络的形成是证券市场中上市公司持股关系相互作用的一个动态过程，并且随着时间的推移不断发生变化。本书选取了三个时间截面（2007年、2010年和2013年），对沪深300指数上市公司交叉持股网络结构

第五章 交叉持股网络结构特征及演变分析

的变化进行比较,为下一步分析网络的拓扑结构特征及其演变、判断网络的发展阶段奠定了研究基础。

将所收集到的持股数据建立交叉持股关系矩阵,以邻接矩阵形式表示,也称为关系矩阵。邻接矩阵 X 中包含行和列,具体定义如式(5-1)所示:

$$X = (x_{ij}) = \begin{bmatrix} x_{11} & x_{12} & \cdots & x_{1j} \\ x_{21} & x_{22} & \cdots & x_{2j} \\ \cdots & \cdots & \cdots & \cdots \\ x_{i1} & x_{i2} & \cdots & x_{ij} \end{bmatrix} \quad (5-1)$$

式中,节点代表上市公司,x_{ij} 为上市公司 x_i 是否持有上市公司 x_j 的股份。根据式(5-2)对上市公司交叉持股网络关系进行量化,交叉持股关系矩阵的赋值如下:

$$x_{ij} = \begin{cases} 1, 上市公司 x_i 持有上市公司 x_j 的股份 \\ 0, 上市公司 x_i 不持有上市公司 x_j 的股份 \end{cases} \quad (5-2)$$

由于沪深 300 指数上市公司交叉持股网络的节点数很大,图 5-1 只截取了 2007 年关系矩阵中的一小部分。

图 5-1　2007 年沪深 300 指数交叉持股关系矩阵局部

上市公司交叉持股关联网络研究

关系矩阵与网络图形之间可以相互转换，本书利用 UCINET 软件将交叉持股关系矩阵进行可视化处理，转化为网络结构图，所生成的 2007 年、2010 年和 2013 年沪深 300 指数上市公司交叉持股网络的基本形式如图 5-2 至图 5-4 所示。

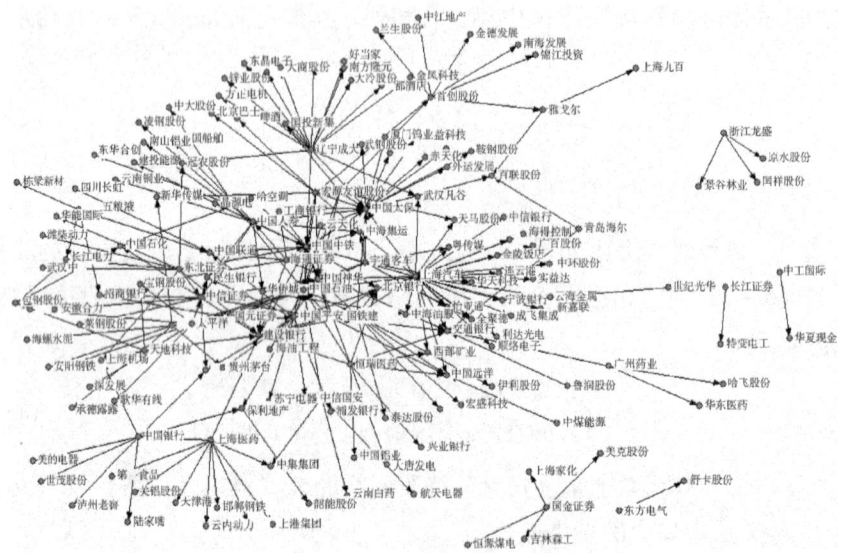

图 5-2　2007 年上市公司交叉持股网络图

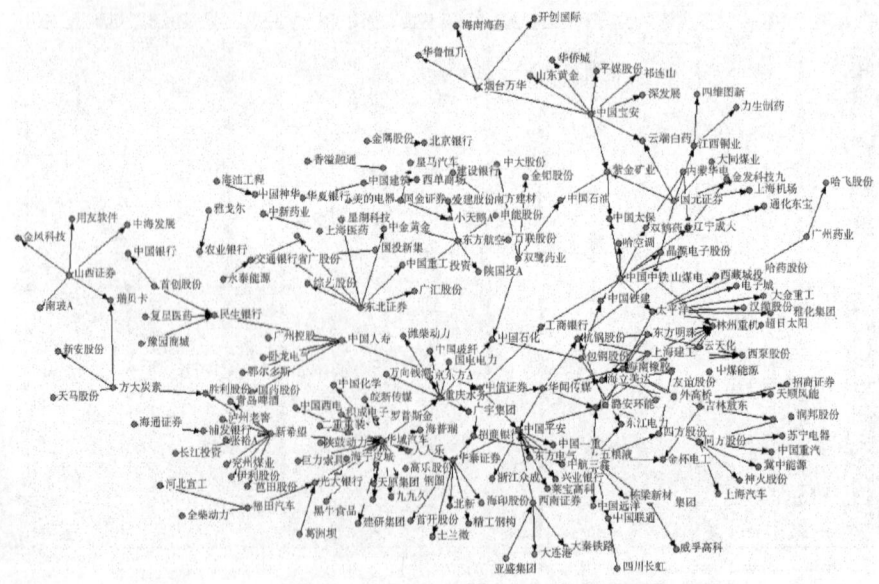

图 5-3　2010 年上市公司交叉持股网络图

第五章 交叉持股网络结构特征及演变分析

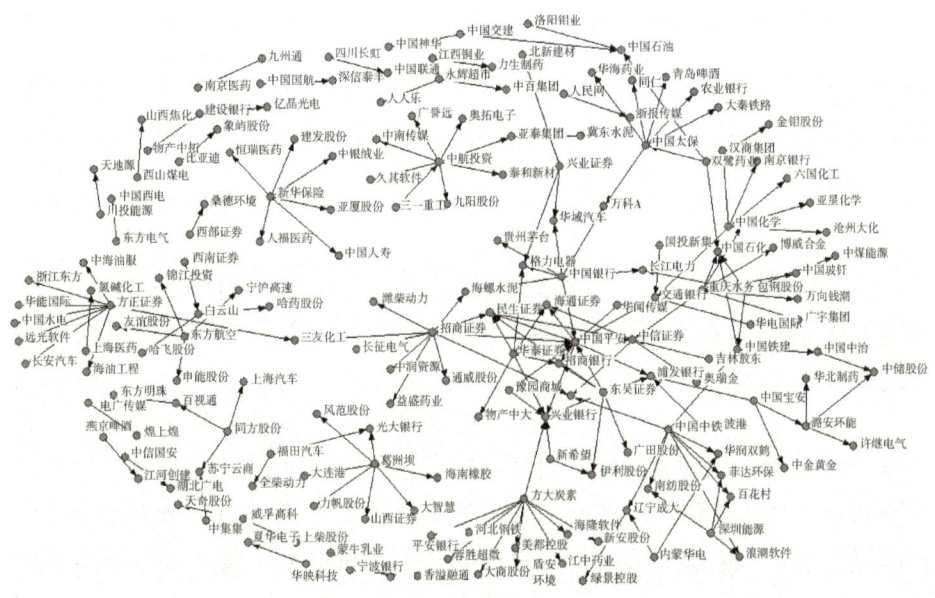

图 5-4 2013 年上市公司交叉持股网络图

以上是根据上市公司交叉持股关系数据绘制的三个时间截面的网络图。通过比较可以很直观地发现，交叉持股网络在不同阶段显示出明显不同的拓扑结构，但交叉持股网络演变各阶段的具体变化还需要对网络的拓扑结构进行基本统计特性分析。

第三节 交叉持股网络的拓扑结构及演变分析

上市公司交叉持股网络是以交叉持股关系的上市公司为节点、相互间的持股关系为边构成的关系网络。上市公司嵌入在网络中，网络的结构特征对其影响巨大。本节通过对网络密度、平均度、集聚程度以及平均路径长度等网络特征量的度量，研究交叉持股网络的拓扑结构特征及其演化规律。笔者主要是针对交叉持股网络每一项基本统计指标的变化趋势进行分析，最终通过 2007—2013 年七个时间截面的比较，对交叉持股网络的演化进行分析。

一、网络密度分析

在交叉持股网络中,网络密度可以用来测度网络中各个节点之间联系的紧密程度。整体网络密度 d 用来描述实际存在的关系数量占可能存在的理论上最多的关系总数的比例,其公式表达为:

$$d = \frac{m}{n(n-1)} \quad (5-3)$$

在公式(5-3)中,d 为交叉持股网络密度,n 为网络图形中节点数量,即上市公司数目,m 为网络图形中关系线条的数目,即交叉持股网络中实际拥有的持股关系数目。

在交叉持股网络研究中,网络密度既可以从整体网络角度研究整个交叉持股网络成员之间持股联系的紧密程度,反映交叉持股网络整体的开放程度和持有其他公司股份的能力;也能够以特定上市公司为研究对象,分析以其为中心的个体网络成员间持股联系的紧密程度。交叉持股网络密度越高,说明上市公司之间持股联系越多,整体网络和公司所能完成的吸收、传递和处理功能就越强,能够从其他上市公司获得信息、资金等有利于公司经营发展的途径越多,可以为网络中的公司提供各种社会资源,有利于公司的发展。

从图 5-5 可以看出,我国上市公司交叉持股网络密度由 2007 年的 0.008 7 增长到 2009 年的 0.010 2,达到峰值,又降低到 2013 年的 0.005 4。也就是说,随着时间的推移,交叉持股网络密度呈现出先上升后下降的变化趋势,说明网络演化过程中各公司的持股联系紧密程度先增后减。2007—2009 年期间,交叉持股网络密度不稳定,主要是由于 2007—2009 年是我国股权分置改革完成的初期,大多数公司的股权结构发生了一定的变化,因此,上市公司之间的持股关系不稳定。2010—2013 年,随着时间的推移,各个时间段的网络密度没有明显的上升或下降,相对平稳,各公司持股的紧密程度恢复稳定状态,但交叉持股网络的整体结构松散,密度比较低,基本在 0.006 左右,说明在证券市场中存在一定程度的相互持股关系,但网络成员之间持股关系的紧密程度不是很高,各公司在持股关系上还有较大的合作空间。同时,也印证了黄玮强等(2008)的研究,即证券市场的关联网络相对较为疏松,可能是由于样本公司具有一定的行业差异,而且跨越不同地区,客观上造成较低的网络密度。

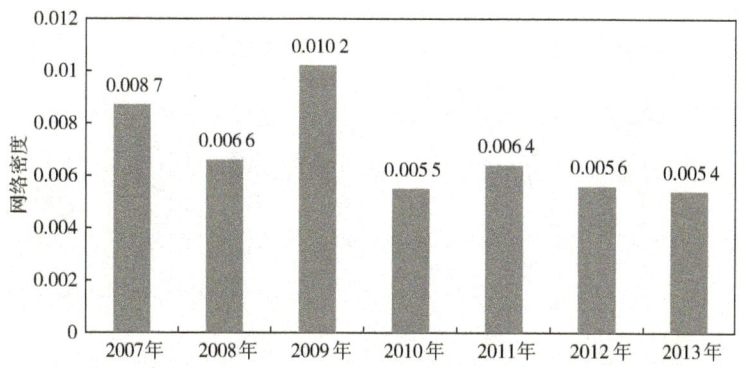

图 5-5　交叉持股网络演化过程中网络密度的变化趋势

通过对交叉持股网络整体密度的分析可以发现，交叉持股网络属于稀疏网，整体密度在 0.006 左右，公司间的持股关系具有很大的提升空间，并且网络密度先增后减。

二、平均度分析

度是复杂网络理论中的重要概念，反映了特定节点与网络其他节点的联系，是表征网络结构的重要参数。对交叉持股网络而言，节点公司 i 的度 k_i 是指与上市公司 i 通过持股关系相连接的其他公司的数量，因此，度值代表某特定上市公司与其他公司之间存在持股关系的数量。交叉持股网络中所有节点 i 的度 k_i 的平均值称为网络的平均度，通常用 $\langle k \rangle$ 表示，其计算过程如公式（3-1）所示。

本节对交叉持股网络进行平均度分析，判断网络中上市公司交叉持股关系的平均连通情况，并对交叉持股网络的平均度演化进行历时性分析，如图 5-6 所示。

从图 5-6 可以看出，我国上市公司交叉持股网络的平均度由 2007 年的 2.977 下降到 2009 年的 2.797，再下降到 2013 年的 1.979。也就是说，随着时间的推移，交叉持股网络的平均度呈现出下降的趋势，说明网络演化过程中公司之间的联系逐渐减少。整体来看，交叉持股网络的平均度变化相对比较平稳，仅在小范围内波动，表明网络演化过程中公司之间的持股关系相对比较稳定，这样可以避免持股关系的频繁变动可能带来的企业经营风险，保证公司战略、经营模式的稳定，从而使公司能够平稳发展。

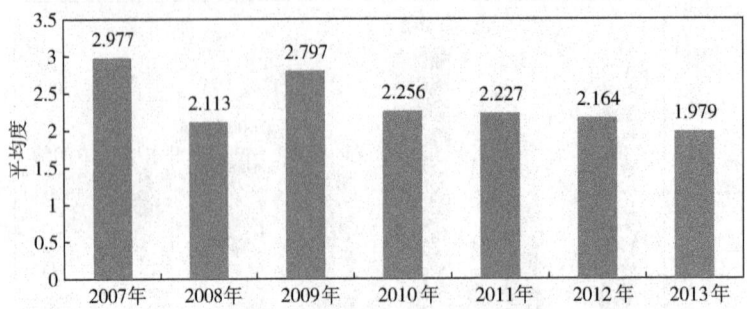

图5-6　交叉持股网络演变过程中网络平均度变化趋势

三、集聚系数分析

集聚系数能够反映网络的集聚程度,是表征网络性质的重要指标。在交叉持股网络中,一个上市公司节点 i 在网络中有 k_i 条直接相连的边数,显然,与该节点的邻接点之间理论上最大可能存在的边数为 $\frac{1}{2}k_i(k_i-1)$。公司 i 的邻接点之间实际存在的边数与理论上最大可能存在的边数之比为上市公司 i 的集聚系数,交叉持股网络中所有上市公司集聚系数的平均值就是整个网络的集聚系数,通常用 C 来表示,其计算过程如公式(3-5)所示。

从图5-7可以看出,我国上市公司交叉持股网络的集聚系数呈现 W 型的变化趋势。也就是说,随着时间的推移,交叉持股网络的集聚系数呈现出先下降后上升,再下降再上升的趋势,说明网络演化过程中公司之间的集聚程

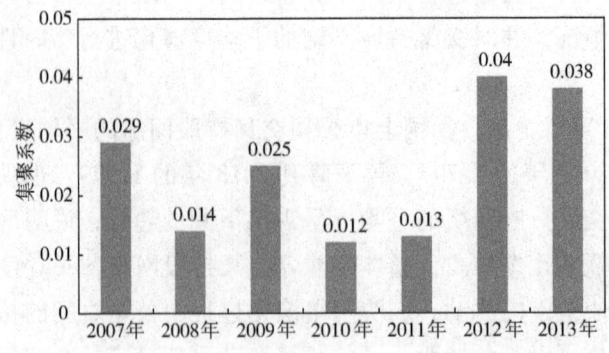

图5-7　交叉持股网络演变过程中集聚系数变化趋势

度具有一定的波动性。2007—2011 年，网络的集聚系数变化范围在 0.012～0.029，但从 2012 年开始，上市公司交叉持股网络整体的集聚系数由 0.013 增加到 0.04，说明近年来我国各公司之间联系日益紧密，频繁的资金流通、信息技术共享使各公司纷纷通过持股、关联交易与合作等形式形成联盟，以促进公司的持续发展。

四、平均路径长度分析

平均路径长度能够衡量网络效率和传输性能，是表征网络性质的重要指标。在交叉持股网络中，平均路径长度描述的是公司节点间的分离程度，公司平均路径长度越短，网络的可达性就越好。交叉持股网络中连接节点公司 i 和节点公司 j 所要经历的边的最小数目称为这两家公司的最短路径长度；而交叉持股网络的平均路径长度则定义为网络中任意两家公司之间距离的平均值，通常用 L 来表示，其计算过程如公式（5-3）所示。

对交叉持股网络的路径长度进行分析，如表5-2所示，2013 年，公司之间持股的最小距离是 1，最大值是 3，但距离为 3 的情况很少，仅为 7.5%，网络成员距离是 1 的情况出现了 187 次，距离是 2 的情况出现了 73 次，这两种情况占总数的 92.5%。其他年份，公司之间持股距离为 1 的情况也最多，所占比例分别为 45.8%，45.6%，60.3%，49.7%，53.6%，51.1%，66.5%，即多数公司之间的距离是 1。这也意味着在交叉持股网络中，大多数公司之间可以直接建立联系，公司节点间的分离程度很小，网络的传输性能较好。2008 年，有部分距离为 5 的情况，这是由于在股权分置改革初期，大多数公司的持股关系不稳定，一些原本孤立的点在进入网络后，与其他公司之间的持股距离往往较大，表现在 2008 年距离为 3 的路径长度增长迅速，并出现距离为 4 和 5 的路径。交叉持股网络具有较短的路径长度，表明网络中的任意两家上市公司可以很方便地连接，这有利于上市公司之间丰富信息、技术和资源，促进信息和知识的多元化和差异化，同时，局部节点的波动对网络结构会产生很大影响。

表5-2 交叉持股网络路径长度分布

路径长度		2007 年	2008 年	2009 年	2010 年	2011 年	2012 年	2013 年
L=1	F	256	169	193	229	196	211	187
	P	45.8%	45.6%	60.3%	49.7%	53.6%	51.1%	66.5%

续表

路径长度		2007年	2008年	2009年	2010年	2011年	2012年	2013年
L=2	F	227	92	94	125	105	139	73
	P	40.6%	24.8%	29.4%	27.1%	28.7%	33.7%	26%
L=3	F	66	79	28	75	53	57	21
	P	11.8%	21.3%	8.7%	16.3%	14.5%	13.8%	7.5%
L=4	F	10	26	5	32	12	6	
	P	1.8%	7%	1.6%	6.9%	3.3%	1.4%	
L=5	F		5					
	P		1.3%					

从图5-8可以看出，我国上市公司交叉持股网络的平均路径长度由2007年的1.696增长到2008年的1.938，达到峰值，又降低到2013年的1.409。但除了2007—2009年我国股权分置改革完成初期，公司之间的持股关系不稳定而导致的网络平均路径长度不稳定以外，总体上看，随着时间的推移，网络的平均路径长度是缓慢降低的，网络的传输性能和效率有所提升。交叉持股网络大部分节点之间可以通过较少的中转次数与其他节点连接，网络的可达性较好。

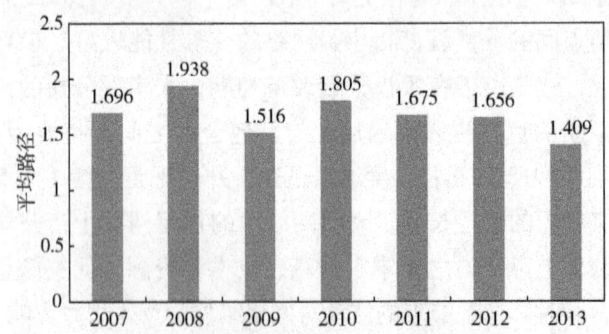

图5-8 交叉持股网络演变过程中平均路径的变化趋势

五、小世界特性分析

与同等规模的随机网络相比，若研究的网络具有较小的平均路径长度和较大的集聚系数,那么该网络具有小世界效应,具有这种效应的网络称为小世界网络。因此,刻画小世界特性的度量指标主要有平均路径长度及集聚系数。这里的平均路径长度、集聚系数均以同等规模的随机网络为参照对象进行比较,可以表示为:

$$L \leqslant L_{random}, \quad C > > C_{random}$$
$$L_{random} = \ln N / \ln K$$
$$C_{random} = K/N$$

其中,L_{random}为随机网络的平均路径长度,C_{random}为随机网络的集聚系数,K为网络的平均度,可表示为$2Q/N$,Q为网络边数,N为网络规模,也就是网络中节点的数量。

交叉持股网络平均路径长度和集聚系数,与同等规模随机网络的平均路径长度、集聚系数的对应参数值比较分析表明(见表5-3),交叉持股网络具有较小的平均路径长度(小于随机网络的平均路径长度),较大的集聚系数(大于随机网络的集聚系数)。由此可见,交叉持股网络为典型的小世界网络,较短的平均路径长度决定了网络的顺畅程度,意味着网络中任意两家公司都可以很容易地连接,如果一家公司的持股关系发生变化,网络中其余的公司很容易受到影响;较高的集聚系数决定了网络的凝聚程度,意味着公司之间平均凝聚程度较高,证券市场内各上市公司持股关系的变动在近邻集团内传播较快,并且影响程度较大。

表5-3 交叉持股网络、同等规模的随机网络参数值

年份	网络规模 N	网络边数 Q	网络的平均度 K	平均路径长度 L (L_{random})	平均集聚系数 C (C_{random})
2007	172	256	2.977	1.696 (4.7189)	0.029 (0.017)
2008	160	169	2.113	1.938 (6.786)	0.014 (0.013)
2009	138	193	2.797	1.516 (4.790)	0.025 (0.020)
2010	203	229	2.256	1.805 (6.530)	0.012 (0.011)
2011	176	196	2.227	1.675 (6.457)	0.013 (0.012)
2012	195	211	2.164	1.656 (6.830)	0.04 (0.011)
2013	189	187	1.979	1.409 (7.680)	0.038 (0.011)

六、无标度特性分析

刻画无标度特性的度量指标主要是网络节点的度分布。节点度服从幂律分布的网络称为无标度网络，这类网络具有无标度特性，即网络中大多数节点的度很小，仅有少数节点的度很大，是网络中的关键节点。交叉持股网络是非均匀网络，绝大多数上市公司的度相对较低，但存在少量上市公司的度相对较高，他们是交叉持股网络的核心公司。

1. 度分布分析

度分布能够反映网络结构的随机性，是表征网络结构的重要指标。当网络是随机连接时，网络中各节点的度数大致相当，则认为网络是无序的；当网络是无标度的，即网络中有部分度值较高的关键节点和大量度值较低的节点，节点间的度值存在较大差异，则认为网络是有序的。

为了对交叉持股网络的度分布进行分析，在图 5-9 中绘制了上市公司交叉持股网络度分布的散点图，可以看出交叉持股网络度分布的不均衡程度较高。一些优质企业凭借资金、技术、政策等优势持有其他公司的股份，与其他公司之间具有持股、合作的联系；被持股公司吸收和借鉴优质企业的资金、技术等资源。因此，优质企业的度值要远远超过其他上市公司，成为交叉持股网络中的关键节点，具有控制优势。

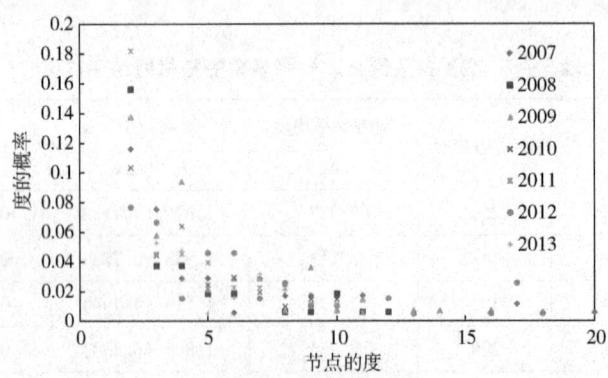

图 5-9　交叉持股网络节点度的概率分布散点图

对交叉持股网络的度分布进行拟合，计算节点度分布是否服从幂律分布，即幂律形式 $P(k) \sim k^{-\gamma}$。画出分布函数图，并计算出幂指数 γ，如表 5-4 和

第五章 交叉持股网络结构特征及演变分析

图 5-10 所示,发现幂律分布函数的拟合优度均大于 0.8,接近于 1。拟合优度值的范围为 [0,1],越接近于 1,表明幂律分布曲线的拟合效果越好;反之,拟合效果越差。因此,上市公司交叉持股网络节点的度分布具有幂律分布的特征,网络整体服从幂律分布,是有序的,且具有较高的置信水平,网络的整体结构表现为无标度网络。

表 5-4 交叉持股网络节点度分布的幂律指数值

年份	2007 年	2008 年	2009 年	2010 年	2011 年	2012 年	2013 年
幂律指数(γ)	2.311	2.465	2.558	2.625	2.721	2.722	2.724
拟合优度(R^2)	0.8168	0.8213	0.873	0.9207	0.9537	0.8237	0.806
常数项	0.2767	0.2961	0.4485	0.441	0.5297	0.4334	0.4419

从图 5-10 可以看出,我国上市公司交叉持股网络的幂指数由 2007 年的 2.311 上升为 2013 年的 2.724。也就是说,随着时间的推移,交叉持股网络的幂指数呈逐渐增大趋势,直到 2013 年网络的幂指数达到峰值。交叉持股网络的节点度服从幂律分布,$P(k)$ 近似为幂函数,这意味着该网络中的度分布不均匀,节点之间的度值差异较大,大部分节点的度较小,属于低连通节点,小部分节点的度很大,称为网络的 Hub 节点。在无标度网络中,Hub 节点具有较强的影响力,它们的变动对整个网络的稳定起着很大的影响作用。

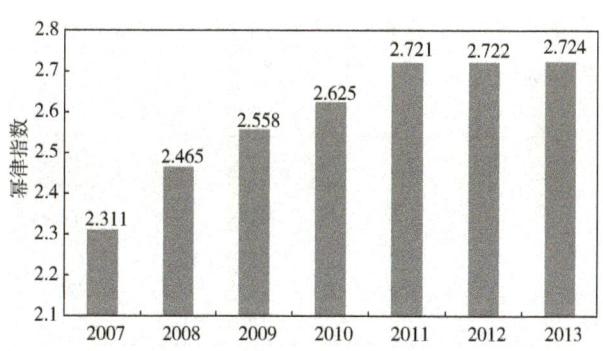

图 5-10 交叉持股网络幂律指数变化趋势

图 5-11 显示的是 2013 年交叉持股网络节点度分布的实际值与函数拟合。拟合函数为 $P_{2013}(k) = 0.4419k^{-2.724}$,其 $R^2 = 0.806$。拟合函数中的常数

$c = 0.4419$,度分布幂指数 $\gamma = 2.724$,介于 2~3。交叉持股网络节点的度分布符合幂律分布,而且拟合优度达到 0.806,表明拟合性良好。

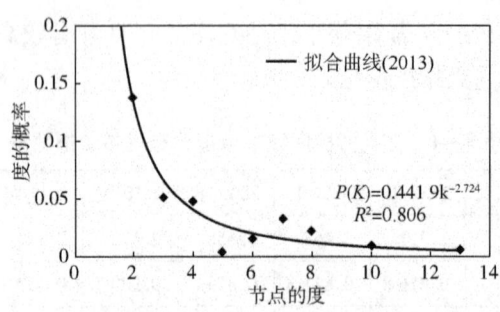

图 5-11　2013 年交叉持股网络的节点度幂律分布函数拟合

总体来说,可以得出以下结论:第一,交叉持股网络度分布的拟合优度值均接近于 1,且从整体来看在波动中呈逐渐增大趋势,验证了交叉持股网络的无标度特性。因此,该网络结构呈现出无标度网络的演化趋势,也就是说,交叉持股网络中节点的度分布按照幂律分布的特点进行演化;第二,交叉持股网络中有部分度值较大的 Hub 节点,在证券市场的交叉持股过程中具有较强的影响力,这些关键公司发挥着控制优势,通常左右着网络能否正常运作。

2. **度累积概率分布分析**

下面对交叉持股网络的度累积概率分布进行分析。在图 5-12 中绘制了上市公司交叉持股网络度累积概率分布的散点图。

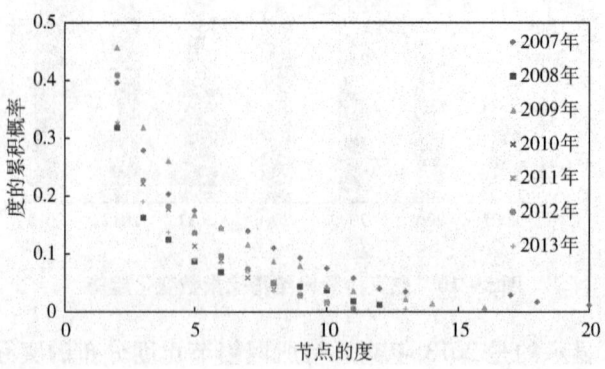

图 5-12　交叉持股网络节点度的累积概率分布散点图

表5-5显示,交叉持股网络的度累积概率分布整体上均符合指数分布的态势,且拟合性较好,表明演化过程中交叉持股网络各节点之间的连接状况(度数)具有不均匀分布性。大部分节点只连接了较少的上市公司,小部分节点连接了较多的上市公司,因此节点的度越大,越可能与更多的节点发生联系,公司持股能力越强,进一步验证了交叉持股网络的无标度特性。

表5-5 交叉持股网络节点度累积概率分布的指数值

年份	2007年	2008年	2009年	2010年	2011年	2012年	2013年
指数（λ）	0.16	0.141	0.297	0.405	0.436	0.437	0.394
拟合优度（R^2）	0.910 3	0.685 1	0.986 9	0.971 2	0.963 3	0.922 3	0.968 2
常数项	0.421 5	0.215 3	0.919 8	0.955	1.197 2	1.145 8	0.840 3

从图5-13可以看出,我国上市公司交叉持股网络的拟合指数由2007年的0.16上升为2012年的0.437,又下降为2013年0.394。也就是说,随着时间的推移,交叉持股网络的指数分布参数呈先增后降的趋势,网络的拓扑结构处于不断的变动之中。

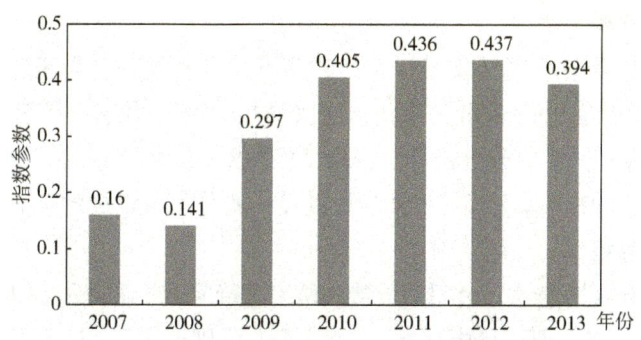

图5-13 交叉持股网络指数分布参数变化趋势

图5-14显示了2013年交叉持股网络节点度累积概率分布的实际值与函数拟合。拟合函数为$P_{2013}(k) = 0.840\,3 e^{-0.394k}$,其中$R^2 = 0.968\,2$。拟合函数中的常数$c = 0.840\,3$,度分布幂指数$\lambda = 0.394$。交叉持股网络节点的度分布符合指数分布,而且拟合优度达到0.968 2,表明拟合性很好。

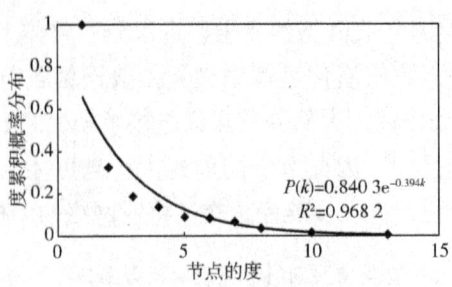

图 5-14　2013 年交叉持股网络的节点度累积概率分布函数拟合

七、聚类分析

上市公司聚类结构的划分形式可以根据行业、地理位置、公司规模等指标进行。交叉持股网络的凝聚子群分析是以公司之间建立的持股联系为依据，探讨沪深交易所上市公司的小团体集聚现象。这种小团体是持股层面亲疏关系的体现，说明团体内的公司间持股联系紧密，合作行为频繁，有助于从持股关系方面了解上市公司之间深层次的关联结构，这对股票组合投资、风险管理均具有重要的指导价值。

1. 成分分析

选取 2012 年发生交叉持股行为的沪深 300 指数成分股为研究对象，研究期间共包含 195 家上市公司。因此，交叉持股网络中共有 195 家公司，网络规模相对比较大，经成分分析后，得出 20 个成分，大部分成分中仅有两家公司，主要成分为 138 家公司、8 家公司以及 6 家公司所组成的部分。

2. 派系分析

采用 Cliques 分析法对公司交叉持股网络进行凝聚子群分析，将派系规模值设为 3，公司交叉持股网络中存在 13 个派系，分别形成了 13 个最大完备子图，并且公司交叉持股网络派系之间的交叉重叠情况复杂，具体如表 5-6 所示。

表 5-6　交叉持股网络的派系情况

派系	各派系中的交叉持股成员			
1	中信证券	招商证券	中国平安	民生银行
2	中信证券	招商证券	中国平安	招商银行
3	中信证券	招商证券	中国平安	兴业银行
4	中信证券	招商证券	中国平安	交通银行

续表

派系	各派系中的交叉持股成员		
5	吉林敖东	中信证券	招商证券
6	中信证券	国金证券	民生银行
7	中信证券	中国人寿	民生银行
8	包钢股份	中国铁建	中国石化
9	中国平安	华泰证券	民生银行
10	中国平安	华泰证券	招商银行
11	中国平安	华泰证券	兴业银行
12	招商证券	中国平安	万科A
13	招商证券	中国平安	浦发银行

从以上结果发现，派系1、2、3与4之间有三个共享成员，派系1与6、7，派系2与5，派系2与10，派系3与11，派系5与派系1、2、3、4，派系9与派系10、11，派系12与13，派系1、2、3、4与派系12、13之间有两个共享成员，派系1、2、3、4与派系5、6、7之间共有一个中信证券公司，派系1、6、7与9，派系1、2、3、4与派系9、10、11、12、13，派系1、6、7与9之间分别有一个共享成员。用更直观的网络图形式表示，见图5-15。

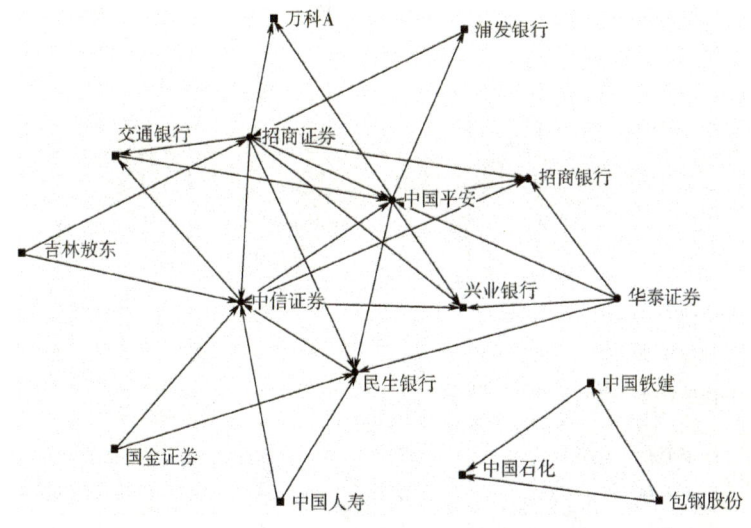

图5-15 交叉持股网络Cliques分析结果图

从图 5-15 中可以看出两个明显的独立成分,其中以中信证券、中国平安等为中心的成分交叉重叠较多。总体而言,各派系之间联系较为紧密。为进一步解释各公司之间持股联系的原因,分别按照行业分类、实际控制人性质分类、地区分类来进行归纳,具体如表 5-7 所示。

表 5-7 公司行业、实际控制人性质及地区分类

派系	公司名称	行业代码	实际控制人性质		地区		
			国有控股	民营控股	东	中	西
1	中信证券	I	1	0	1	0	0
	招商证券	I	1	0	1	0	0
	中国平安	I	1	0	1	0	0
	民生银行	I	0	0	1	0	0
2	中信证券	I	1	0	1	0	0
	招商证券	I	1	0	1	0	0
	中国平安	I	1	0	1	0	0
	招商银行	I	1	0	1	0	0
3	中信证券	I	1	0	1	0	0
	招商证券	I	1	0	1	0	0
	中国平安	I	1	0	1	0	0
	兴业银行	I	0	0	1	0	0
4	中信证券	I	1	0	1	0	0
	招商证券	I	1	0	1	0	0
	中国平安	I	1	0	1	0	0
	交通银行	I	1	0	1	0	0
5	吉林敖东	C	0	1	0	1	0
	中信证券	I	1	0	1	0	0
	招商证券	I	1	0	1	0	0
6	中信证券	I	1	0	1	0	0
	国金证券	H	0	1	0	0	1
	民生银行	I	0	0	1	0	0
7	中信证券	I	1	0	1	0	0
	中国人寿	I	1	0	1	0	0
	民生银行	I	0	0	1	0	0

续表

派系	公司名称	行业代码	实际控制人性质		地区		
			国有控股	民营控股	东	中	西
8	包钢股份	C	1	0	0	1	0
	中国铁建	E	1	0	1	0	0
	中国石化	B	1	0	1	0	0
9	中国平安	I	1	0	1	0	0
	华泰证券	I	1	0	1	0	0
	民生银行	I	0	0	1	0	0
10	中国平安	I	1	0	1	0	0
	华泰证券	I	1	0	1	0	0
	招商银行	I	1	0	1	0	0
11	中国平安	I	1	0	1	0	0
	华泰证券	I	1	0	1	0	0
	兴业银行	I	0	0	1	0	0
12	招商证券	I	1	0	1	0	0
	中国平安	I	1	0	1	0	0
	万科A	J	1	0	1	0	0
13	招商证券	I	1	0	1	0	0
	中国平安	I	1	0	1	0	0
	浦发银行	I	1	0	1	0	0

资料来源：根据国泰安CSMAR公司研究系列数据库相关企业信息数据整理获得。

根据表5-7可知，派系2、4、8、10、12、13中的公司均为国有控股公司，这说明在交叉持股网络中，国有控股公司之间的联系相对更为紧密。另外，派系1、2、3、4、7、9、10、11、12、13中的公司均处于同一地域，表明同一地域之间的公司由于资源的共享程度高、交通便利等原因存在较紧密的联系，区域邻近的公司在接受资金、技术、信息等生产要素方面呈现出趋向统一化，更便于如上述派系一样形成联盟经营发展。并且，公司处于我国东部的比例较大，东部沿海区域作为我国经济较为发达的地区，拥有充足的资金支持，同时这些地区聚集了多家高校和科研单位。这些公司依托所在区域较强的文化和经济技术水平,通过资源优化配置,更容易形成统一的产业联盟网络。同时,交叉持股网络中派系的行业属性也较强,除派系5、6、8外,其他派系中的公司均属于同一行业——金融业,所有交叉持股网络中派系的行业属性较强。

总体来讲,无论是通过实际控制人共享方式还是同地区间与同行业间沟通方式,上市公司交叉持股网络派系内部公司之间均存在紧密联系,其各派系之间的联系也较紧密,这与前述结论"交叉持股网络是一个小世界网络"相一致。

3. n 派系聚类分析

由于交叉持股网络规模较大,本书选择建立在接近性或可达性基础上对沪深300上市公司交叉持股网络进行 n – cliques 分析。从表5 – 8中可以看出,随着聚类约束条件的放松(n 增大),各交叉持股网络公司的聚类数量迅速下降。各派系之间存在一定程度的重叠性,交叉产生的"社会圈"的数量也较多,重叠交叉越多的公司的中间中心度越高。

表5 – 8 交叉持股网络 n – cliques 聚类数量

派系	交叉持股网络中派系数量	派系	交叉持股网络中派系数量
$n=2$	78	$n=7$	19
$n=3$	117	$n=8$	14
$n=4$	87	$n=9$	12
$n=5$	59	$n=10$	11
$n=6$	35	$n=11$	10

第四节 基于交叉持股的区域投资网络演变分析

对一个地区而言,企业在推动经济社会发展、促进科技创新的过程中发挥着不可替代的重要作用,已成为经济发展、科技创新、改革开放的生力军和优化经济结构的主渠道,上市公司更是企业中的核心,每个省份中上市公司的数量、产业结构以及企业规模在很大程度上代表着该省的生产力发展水平。上市公司之间通过持有对方股份使公司与公司之间形成一个庞大的持股网络,本书基于上市公司之间的交叉持股关系建立省份间的相互持股投资网络，分析区域投资网络的结构及演化。以省份间上市公司的持股关系为研究对象，认为省份作为一个行政区域，并不是独立发展的，区域之间的经济、社会、政治等要素通过相互联系和相互作用，形成一种非线性的复杂网络关系。从复杂网络的视角研究区域投资网络的存在性、网络构建的方法、网络结构的特性以及政策具有一定的意义。

一、区域投资网络的内涵与动力分析

1. 区域投资网络的内涵及形成动因

目前，许多学者从地理学的角度对城市空间经济联系进行了系统研究，Friedmann（1973）通过实证分析，主要研究了城市体系空间组织理论。Schonharting（2003）研究了空间流及城市相互作用模型。在全球化发展中，Taylor（1997）认为，世界高端服务企业之间的联系推动了世界城市之间的链接，通过这种链接形成了一个跨越全球的复杂的城市网络，最终实现了全球化的发展。国内区域投资网络不同于全球网络的根本特征在于我国各省份之间的地理邻近性，其网络的文化摩擦和交通成本远远低于全球城市网络。在我国，技术和基础设施的通达性是省份之间沟通的基础，以交通基础设施为代表的城市载体网络决定了区域的空间可达性，其网络的形成是政府、企业、市场共同驱动的。企业是城市的微观经济主体，由于空间区位和市场的临近，企业可以通过人流、物流、资金流、技术流等空间经济联系，在不同功能定位的省份间寻求市场和生产要素，从而带动区域投资网络的形成与优化，降低交易成本，推动区域内生产要素的集聚与扩散，并以产业联系为纽带，形成相互依存的产业分工体系，进而产生范围经济和聚集经济。这种区域投资网络是经济一体化供求运作的空间效应，省份间经济联系越紧密，区域的发展就越稳固、越迅速。区域投资网络促进了各种网络的衍生发展，并随着上市公司持股关系的变化，形成自身特有的结构，该结构有一定的动态性，网络的边界也在不断扩张。区域投资网络是对我国各省份间上市公司交叉持股状态和结构的描述，其层次内涵、形成动因和研究表达方式如图 5 - 16 所示。

2. 省级区域的经济规模分析

据统计，2013 年，我国 31 个省级行政区域的经济总量突破 63 万亿元，即我国 31 个省级区域创造了全国 63 万亿以上的国内生产总值。但这些省级

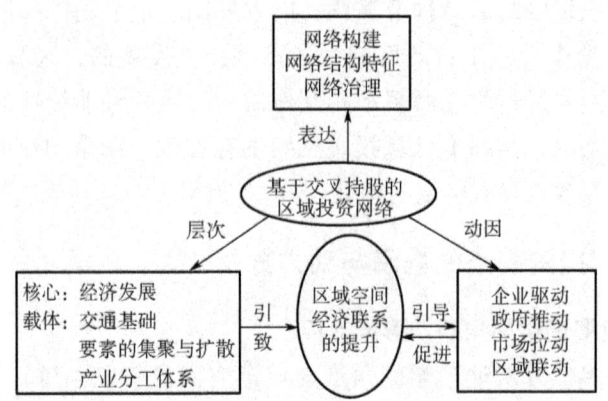

图 5-16 区域投资网络内涵层次、形成动因

区域在国内经济体系中的地位不是完全相同的。根据2007—2013年各省份的人均GDP（见图5-17）可以看出，31个省域的经济发展水平呈现阶梯状分布：北京、天津、上海是国内经济发展水平最高的省份，三个直辖市的人均GDP一直远远高出其他省份，江苏、浙江、内蒙古、辽宁、广东、福建、山东处于经济发展水平第二层次，吉林、陕西等位于第三层次，而西藏、云南、甘肃、贵州的经济水平在国内属于最低层次。这种经济结构呈现出两端小、中间大的分布特征，即经济发展水平最高和最低的省份数量较少，中间的第二层次和第三层次的省份数量占绝大多数，说明国内整体经济发展水平处于一定的均匀状态，大部分省域均衡发展。

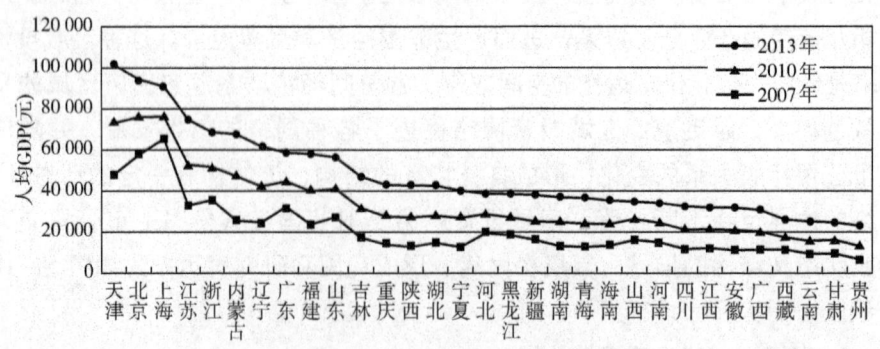

图 5-17 我国各省人均国内生产总值分布

资料来源：根据统计年鉴相关信息数据整理获得。

二、区域投资网络模型构建

网络由节点和边构成,边可以是有方向和无方向的。区域投资网络是无形的网络,区域之间的链接关系如何建立和度量是关键问题。在目前的研究中,Battiston et al. (2005)对区域投资网络的构建和特征进行了定量化运算,认为上市公司对区域内的经济发展起着关键作用。他选取具有相互投资关系的上市公司作为研究基础,以区域为节点,以不同区域的上市公司之间的相互持股来揭示各区域间的投资关系,建立投资网络。

本书基于上市公司间的交叉持股关系构建区域投资网络,从微观基础出发,具有良好资质的上市公司是区域投资网络形成的核心。在网络结构特征的测度中,采取了复杂科学和图论的方法,使网络更加贴近现实。所研究的区域投资网络是由我国主要省级行政区域为节点,不同省域之间的投资关系为边(上市公司通过交叉持股在各省域之间形成的联结关系)组成。研究样本包括2007年、2010年、2013年被纳入沪深300指数且发生交叉持股行为的上市公司,其中,2007年共有42家持股公司和242家被持股公司,2010年共有56家持股公司和164家被持股公司,2013年共有64家持股公司和138家被持股公司。

具体数据情况如下:①本书研究涉及的发生交叉持股行为的沪深300指数上市公司之间的持股关系数据通过证券时报网站以及年报手工收集、整理,上市公司省域信息主要来自国泰安CSMAR数据库;②中国除香港、澳门、台湾地区外,包括直辖市、自治区在内共有31个省级行政区划单位,故分析省级区域间上市公司的交叉持股关系时共有31个省级行政区域的节点;③选取31个省域中发生交叉持股行为的持股公司和被持股公司的信息,根据持股公司的所在地信息,建立省域—被持股公司关系矩阵,再根据被持股上市公司的所在地,进一步建立31*31的省域—省域矩阵来反映它们之间基于交叉持股的区域投资关系矩阵。

三、区域投资网络的演化过程

根据2007年、2010年、2013年我国31个省域的上市公司交叉持股关系数据进行可视化处理,区域投资网络结构见图5-18至图5-20。区域投资网络是基于省域之间的上市公司交叉持股关系建立起来的,而且本书在建模时

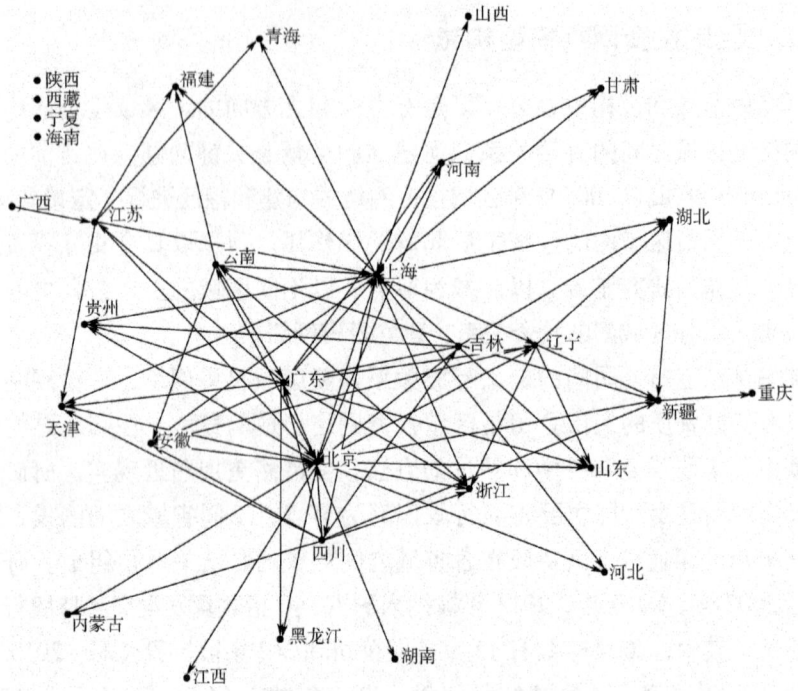

图 5-18　2007 年区域投资网络图

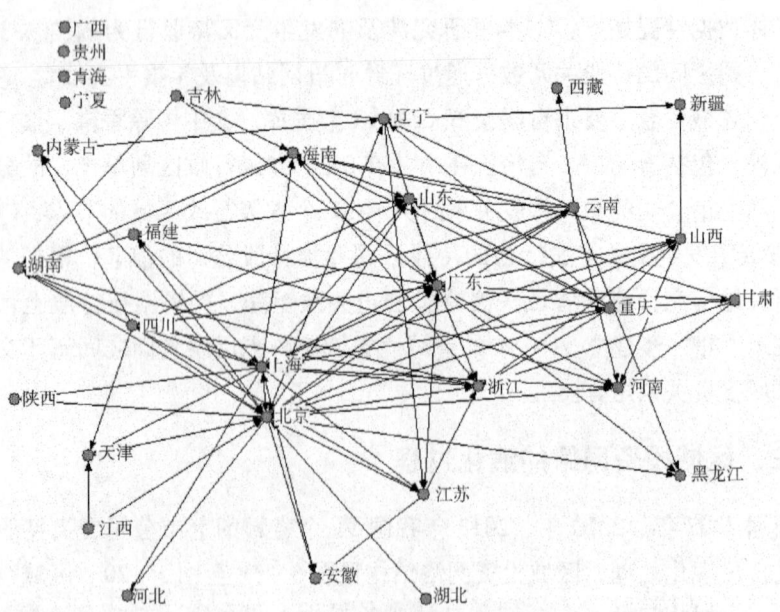

图 5-19　2010 年区域投资网络图

第五章　交叉持股网络结构特征及演变分析

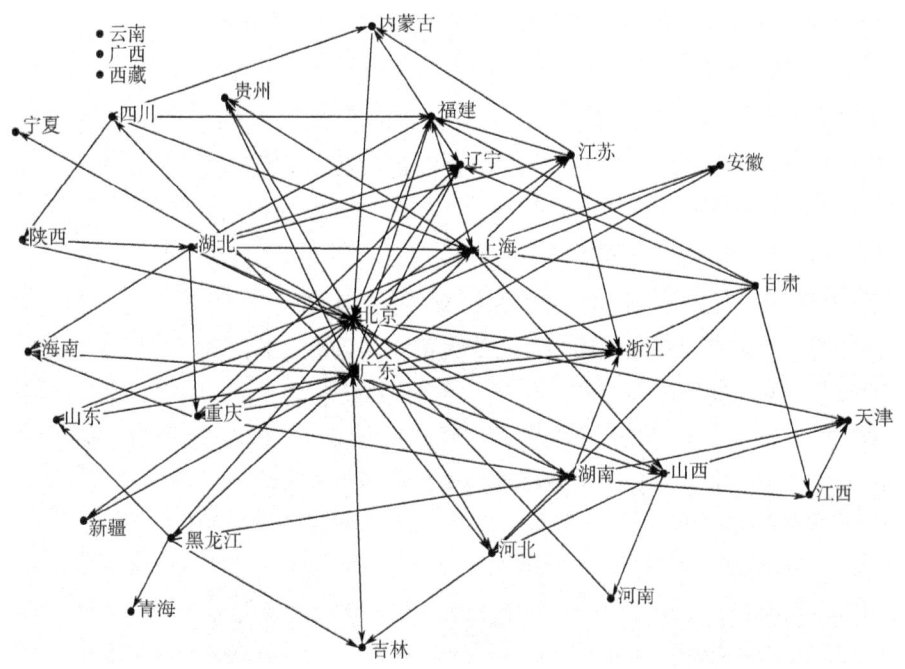

图 5－20　2013 年区域投资网络图

将持股公司为沪深 300 指数以外的持股关联关系进行了剔除，仅考虑了持股公司为沪深 300 指数的交叉持股行为，所以区域投资网络模型并不能反映各省域的所有属性以及关联关系，如天津、山东在整个国家的经济发展中至关重要，但由于与其他省域公司之间的持股关系较少，其重要程度难以在网络中加以体现。本书对区域投资网络的所有分析均是在交叉持股关联关系的基础上进行的，与现实情况存在一定的误差。

四、区域投资网络的拓扑结构及演化分析

上市公司之间通过持股构成相互关联关系，促成交叉持股关系的区域空间结构体系和属性特征是一个可观测、可量化分析的复杂网络。以网络的分析方法可以更全面地研究区域交叉持股网络，即区域投资网络的发展和演化进程。区域投资网络既不像规则网络那样具有单一特征，也不像随机网络那样毫无规律可循，而是体现为一种复杂的网络结构特征及统计特征。

1. 区域投资网络的小世界特征

根据不同省域的上市公司交叉持股关系建立起的 2007 年、2010 年、2013

年31个省域的区域投资网络（图5-18至图5-20），对其特征路径长度和集聚系数分析的结果表明（见图5-21），三个基于交叉持股关系的区域投资网络都具有小的路径长度（接近2）与较大的聚类系数（接近0.5）。较小的路径长度决定了网络的顺畅程度，较高的聚集系数决定了网络的稳定性。2007年，我国区域投资网络的平均路径长度为2.04，意味着31个省域中一个网络成员与另外一个网络成员之间平均只需要经过2个省份就可以通过交叉持股建立联系。2007年，我国区域投资网络的集聚系数为0.599，表明任一省域节点与所有相邻的省域之间的实际联系边数占最大可能联系边数的比值为59.9%。因此，我国基于交叉持股的区域投资网络整体集聚系数较大，且具备较小的平均路径长度。2010年与2013年我国区域投资网络同样具有平均路径较小而集聚系数较大的特征，由此可见，我国区域投资网络具有小世界特性。

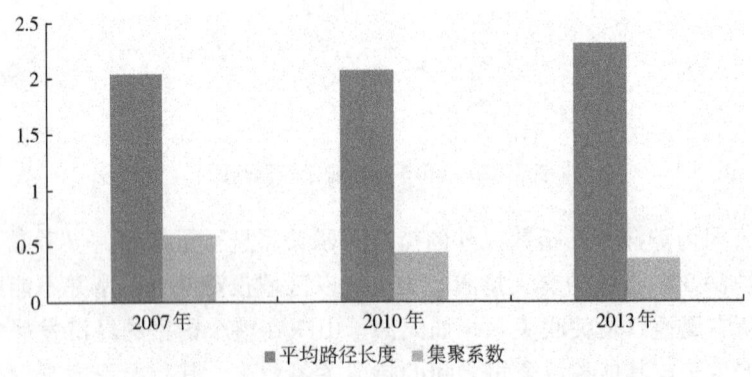

图5-21 区域投资网络路径长度与集聚系数

相比2007年，其他年份的省域之间交叉持股的关联呈现出弱化的趋势，这主要是由于随着我国股权分置改革的不断深入和资本市场的持续成熟，以及新会计准则等法规的执行，上市公司的股权结构不断发生变化，因此，近年来基于交叉持股的区域投资网络结构不断发生变化。而且，一部分原本与其他公司不存在持股关系的孤立的节点公司新进入网络时，往往与其他公司的持股联系较少，度值较小，因此，省域间交叉持股的关联出现弱化趋势。

通过对31个省（直辖市、自治区）基于交叉持股的区域投资网络路径长度和集聚系数进行分析，一方面说明我国区域投资网络是小世界网络，网络节点的联系非常密切，网络中的省份通过交叉持股关系可以比较方便地连接。

同时，整体网络的连接完备程度比较高，省份间交叉持股关系的变动在网络内部传播更为容易和剧烈。另一方面，网络的集聚系数呈现递减规律，表明我国基于交叉持股的区域投资关系有均衡发展的趋势，该网络未出现区域投资差距加大、富者愈富的现象。这符合我国现阶段的国家政策和经济发展实际状况，即缩小发达地区与欠发达地区间的贫富差距，实现各地区经济的协调、均衡发展。

2. 度与区域投资分析

基于交叉持股的区域投资网络的度是衡量各个省级区域之间联结关系的指标。如果一个省级行政区域有多条链接，那么，它对邻接省份就会发挥更多的集聚效应和辐射效应，这主要是由该省的上市公司沿多条链接向其他邻近省份的上市公司传导造成的，而且这种扩散和带动作用会随着网络的不均匀性增加而增强。现实中，基于交叉持股的区域投资网络结构一般都是非均衡的，部分省份只与很少的省份相连，甚至作为网络的孤点，这些省级区域对区域投资网络的影响力相对较小；少数的省份节点与较多省份之间具有交叉持股的关联关系。度值较高的区域可以产生较大的交叉持股关联效益，带动一大批其他区域上市公司的发展，这些区域上市公司的发展与经营绩效对整体基于交叉持股的区域投资网络有着很大的影响，这些区域一般都是经济发达的地区和上市公司集中的区域。发达地区的优质企业较多，在经济联系中凭借技术、产品、人才、政策优势，通过交叉持股与其他区域之间建立广泛而深入的联系，带动其他区域的发展。

通过对区域投资网络的度分布进行分析发现（见图 5 - 22），2007 年、2010 年、2013 年的平均度分别为 4.903、6.065、5.419，即每个省份平均分别与其他 4.903、6.065、5.419 个省份通过上市公司间的交叉持股有直接的投资关系。节点度分布表现出较大的差异，各年份度值较大的省份较少，部分省份的度数小于平均度数。度值较大的省份主要集中在北京、上海、广东等发达地区，这些发达地区由于文化、科技、资源、政策等优势，聚集了一大批优质的上市公司。

通过对区域投资网络的度累积概率分布进行分析发现（见图 5 - 23），基于交叉持股的区域投资网络服从指数分布，且具有较高的置信水平，其判定系数 R^2 均接近于 1。这意味着，节点的度数与度累积概率分布可以近似用一条指数曲线拟合，该网络表现出明显的无标度特性。也就是说，网络中节点

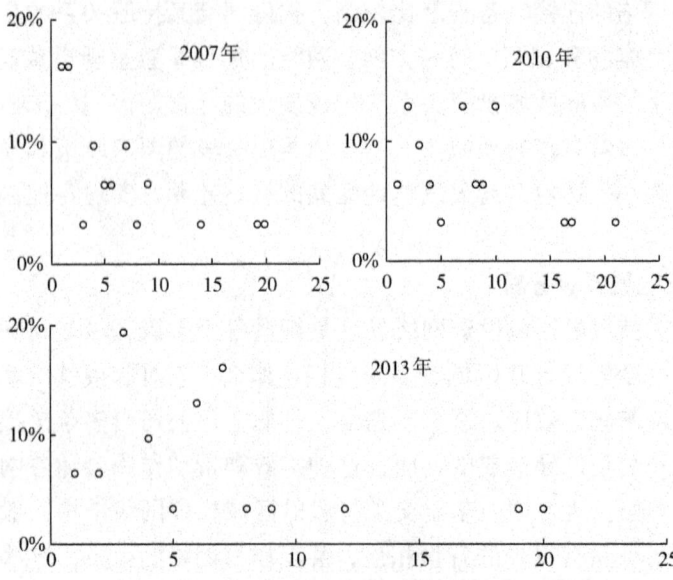

图 5-22 区域投资网络度分布图

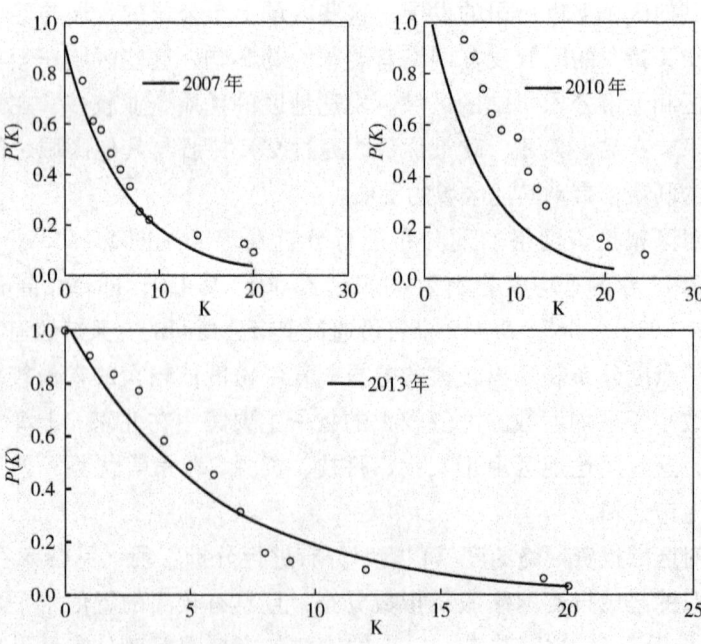

图 5-23 区域投资网络节点度累积概率分布散点图及函数拟合

第五章 交叉持股网络结构特征及演变分析

的度分布表现出较大的差异，各年份网络中少数节点的度值较大，连接了较多的省份，多数节点的度值较小，只连接了较少的省份。网络节点度值越大，越会与更多省份的上市公司发生持股关系，区域投资能力越强。

2007 年、2010 年、2013 年区域投资网络的无标度指数分别为 0.16、0.162、0.172，呈现出递增规律（见表 5-9），意味着我国区域投资网络中省级行政区域间基于上市公司的交叉持股关系逐渐增多。这是由我国现阶段的国家政策和经济发展的实际情况所决定的，国家鼓励区域间的经济联系，尤其是发达地区带动欠发达地区的发展。目前，我国资本市场还处于发展阶段，尤其是随着股权分置改革的完成，公司股权流动性增强，市场资源配置功能得到进一步完善，上市公司之间的资源重组现象明显，因此，不同省份间基于交叉持股的投资关系呈现增多的趋势。

表 5-9 区域投资网络演化过程中度分布的变化

年份	度累积概率分布拟合函数
2007 年	$P(k) = 0.911\,3e^{-0.16k}$，其中 $R^2 = 0.972\,4$
2010 年	$P(k) = 1.146\,8e^{-0.162k}$，其中 $R^2 = 0.986\,4$
2013 年	$P(k) = 1.028e^{-0.172k}$，其中 $R^2 = 0.934\,6$

本书区域投资网络的度可以反映某省份在整个区域投资网络中与其他省份基于上市公司交叉持股的联结关系。度是以经过该节点的边为基础计算的，所以表示的是该省份与多少其他省份产生投资关系。由于区域间上市公司的交叉持股关系具有方向，即持股公司与被持股公司，那么每个省份的经济活动方向也不同：既有点入度，即其他省份流入该省份的经济活动，反映了区域的集聚效应；也有点出度，即该省份流出到其他省份的经济活动，反映了省份的辐射效应。经过测度，我国区域投资网络中各省份的中心度及其大小排序如表 5-10 所示。

表 5-10 区域投资网络节点的点入度、点出度

排序	点入度（内向程度中心度）(%)						点出度（外向程度中心度）(%)					
	2007 年		2010 年		2013 年		2007 年		2010 年		2013 年	
1	上海	12.90	北京	12.50	广东	11.11	上海	18.28	北京	15.18	北京	16.16
2	北京	11.83	广东	8.04	北京	10.10	北京	17.20	上海	13.39	广东	14.14

续表

排序	点入度（内向程度中心度）（%）						点出度（外向程度中心度）（%）					
	2007年		2010年		2013年		2007年		2010年		2013年	
3	广东	7.53	浙江	8.04	上海	10.10	广东	10.75	广东	9.82	上海	8.08
4	安徽	6.45	山东	8.04	浙江	7.07	四川	9.68	四川	8.04	湖北	7.07
5	浙江	5.38	海南	7.14	福建	6.06	吉林	8.60	云南	8.04	甘肃	7.07
6	天津	5.38	河南	6.25	河北	5.05	辽宁	8.60	山西	6.25	湖南	7.07
7	云南	4.30	湖南	6.25	辽宁	5.05	江苏	5.38	重庆	6.25	黑龙江	6.06
8	新疆	4.30	上海	5.36	江苏	4.04	云南	5.38	福建	5.36	江苏	6.06
9	山东	4.30	江苏	4.46	山东	4.04	河南	4.30	辽宁	4.46	重庆	5.05
10	贵州	4.30	辽宁	3.57	天津	4.04	新疆	3.23	海南	3.57	四川	4.04
11	辽宁	3.23	四川	2.68	湖北	3.03	浙江	2.15	甘肃	3.57	福建	4.04
12	江苏	3.23	山西	2.68	山西	3.03	山西	1.08	江苏	3.57	山西	3.03
13	湖北	3.23	福建	2.68	吉林	3.03	天津	1.08	吉林	2.68	内蒙古	2.02
14	福建	3.23	天津	2.68	贵州	3.03	广西	1.08	浙江	2.68	河北	1.01
15	四川	2.15	安徽	2.68	湖南	2.02	山东	1.08	内蒙古	1.79	辽宁	1.01
16	河南	2.15	黑龙江	2.68	重庆	2.02	湖北	1.08	江西	1.79	江西	1.01
17	内蒙古	2.15	云南	1.79	内蒙古	2.02	内蒙古	1.08	湖北	0.89	陕西	1.01
18	黑龙江	2.15	重庆	1.79	江西	2.02	湖南	0	山东	0.89	河南	1.01
19	河北	2.15	内蒙古	1.79	陕西	2.02	黑龙江	0	天津	0.89	山东	1.01
20	甘肃	2.15	新疆	1.79	海南	2.02	河北	0	安徽	0.89	吉林	1.01
21	青海	2.15	河北	1.79	安徽	2.02	重庆	0	广西	0	海南	1.01
22	吉林	1.08	陕西	1.79	新疆	2.02	甘肃	0	河南	0	浙江	1.01
23	山西	1.08	甘肃	0.89	黑龙江	1.01	江西	0	新疆	0	安徽	1.01
24	湖南	1.08	吉林	0.89	四川	1.01	福建	0	湖南	0	天津	0
25	重庆	1.08	江西	0.89	河南	1.01	贵州	0	贵州	0	贵州	0
26	江西	1.08	西藏	0.89	青海	1.01	安徽	0	河北	0	广西	0
27	广西	0	湖北	0	宁夏	1.01	青海	0	青海	0	青海	0
28	西藏	0	广西	0	甘肃	0	西藏	0	西藏	0	西藏	0
29	陕西	0	贵州	0	广西	0	陕西	0	陕西	0	云南	0
30	宁夏	0	青海	0	西藏	0	宁夏	0	宁夏	0	宁夏	0
31	海南	0	宁夏	0	云南	0	海南	0	黑龙江	0	新疆	0

第五章 交叉持股网络结构特征及演变分析

对区域投资网络的点入度和点出度的比较进行分析（见表5-10）发现：

第一，北京、上海、广东与其他区域的经济投资联系较大，在2007年、2010年和2013年，这些区域的点入度和点出度排名都较为靠前，表明这些区域同时具有较好的集聚作用和辐射作用，反映了北京、上海、广东在我国区域间的核心地位。随着发达地区在经济、金融、贸易等方面的逐步发展，它们与其他省份的空间经济联系逐渐增强，既能起到良好的集聚作用，同时也可以发挥一定的扩散效应和带动效应。

第二，从点入度来看，吉林、山西、河北的点入度增幅最大，表明随着京津冀一体化建设、东北老工业基地振兴，我国环渤海经济圈、中部经济圈和东北地区得到了大力发展。三者正不断地与其他区域积极地建立并加强经济联系，较多的被持股上市公司可以吸引外来投资，有效整合利用外部资源。并且，山西与河北邻接，同属于北京、天津的毗连区域，产业关联性大，因此经济联系强度也大。另外，点入度次于吉林、山西、河北的依次是福建、湖南，这些地区对外省上市公司资本投入的吸引能力较强，经济联系也较广。

3. 中间中心性与区域投资分析

中间中心性主要表示某节点是否是网络中其他节点的中介，反映了一个节点在网络中控制其他节点的能力，它衡量的是行动者控制资源和掌握信息的程度。如果某节点处于许多其他节点的最短路径上，则该节点承担着"中间人"和"经纪人"的角色，具有较高的中间中心度，能够反映节点在网络中的影响力。如果把某一中间中心性极高的节点删除，网络就会变得相对稀疏、松散，极大地影响整个网络的运行，甚至造成网络的全面瘫痪。节点中间中心度的计算公式为：

$$CB(n_i) = \sum_{j \leq k} g_{jk}(n_i)/g_{jk} \qquad (5-4)$$

相对中间中心度即标准化的中间中心度的计算公式为：

$$Betweenness(n_i) = \frac{\sum_{j \leq k} g_{jk}(n_i)/g_{jk}}{(g-1)(g-2)/2} \qquad (5-5)$$

其中：g_{jk}是节点j与节点k相联结必须经过的捷径数量；$g_{jk}(n_i)$是节点j与节点k的捷径路径中节点i的捷径数量，g为网络规模。

在基于交叉持股的区域投资网络中，中间中心度反映了一个区域对其他区域间相互关联关系（上市公司间持股关系）的控制能力，区域的中间中心度越高，意味着它处于网络中越中心的位置，其对整体区域投资网络的影响程度越强，对区域间上市公司持股关系的流向和流量影响越大。如果一个省份的中间中心度为0，意味着该省份处于网络的边缘；如果为1，则该省份处于网络的核心。

表5-11所示的计算结果表明，历年区域投资网络的标准化中间中心度分别为23.70%，20.83%，17.79%，这些值均较小，网络整体的资源控制能力较弱。虽然各个年度的网络节点中间中心度分布不尽相同，但一些发达地区，如北京、上海、广东等区域的中间中心度在每个时期都较大，甚至明显大于其他区域，这些区域的上市公司通过交叉持股关系在网络中发挥着重要作用，其他区域上市公司之间的交叉持股关系更多依赖于这些区域。如果这些区域的上市公司发生问题，其他区域上市公司之间的交叉持股关系就会受到影响，进而危机就会更容易波及整个证券市场网络。

表5-11 区域投资网络节点的中间中心度

排序	中间中心度（%）					
	2007年		2010年		2013年	
1	上海	37.04	北京	40.45	广东	26.54
2	北京	32.26	广东	18.84	北京	25.87
3	广东	8.80	上海	10.60	上海	13.32
4	江苏	5.87	海南	5.50	湖北	7.37
5	四川	5.74	辽宁	5.37	湖南	3.83
6	浙江	3.85	云南	4.74	山西	3.79
7	辽宁	3.19	重庆	3.27	黑龙江	3.66
8	云南	1.46	浙江	3.22	吉林	3.59
9	湖北	0.93	山西	2.55	福建	3.03
10	河南	0.34	四川	2.01	河南	2.66
11	吉林	0.30	甘肃	0.90	江苏	2.36
12	天津	0.21	江西	0.59	四川	0.90
13	河北	0	江苏	0.53	河北	0.78
14	重庆	0	福建	0.37	辽宁	0.59
15	山东	0	山东	0.31	重庆	0.54

续表

排序	中间中心度（%）					
	2007年		2010年		2013年	
16	湖南	0	吉林	0.31	内蒙古	0.49
17	新疆	0	内蒙古	0.23	海南	0.21
18	广西	0	安徽	0.20	陕西	0.20
19	黑龙江	0	广西	0	江西	0.13
20	山西	0	湖南	0	浙江	0.09
21	内蒙古	0	河南	0	山东	0.04
22	甘肃	0	新疆	0	天津	0
23	江西	0	河北	0	甘肃	0
24	福建	0	湖北	0	广西	0
25	贵州	0	贵州	0	贵州	0
26	安徽	0	天津	0	安徽	0
27	青海	0	青海	0	青海	0
28	西藏	0	西藏	0	西藏	0
29	陕西	0	陕西	0	云南	0
30	宁夏	0	宁夏	0	宁夏	0
31	海南	0	黑龙江	0	新疆	0
网络中间中心度	23.70%		20.83%		17.79%	

通过对区域投资网络的点入度、点出度的比较分析（见表5-11）发现，第一，我国基于交叉持股的区域投资网络各节点的中间中心度大多正逐步减弱，表明各省份对投资资源的控制能力都在减弱，也就是说，各区域对资源的控制不再过于集中，而是趋于分散。其中，上海的中间中心度所占比例的下降幅度达64%，表明上海的核心地位正受到其他区域的挑战，从某种程度上看，也说明我国区域投资正逐步趋于均衡。第二，北京、上海、广东的中间中心度最高，一直占总量的65%以上，表明三者在我国区域经济中处于核心位置，经济活动控制能力占整个网络的65%以上，即有超过65%的经济活动都经过了北京、上海、广东，三者与其他省份的空间经济联系较为紧密。

随着近年来金融、商务服务等第三产业在这些区域的迅速崛起,这些发展良好的优质上市公司容易与其他区域的企业建立交叉持股关系,提高了所在区域的中间中心度,加强了这些区域对整个网络的影响程度。第三,部分区域的中间中心度较低,说明其处于我国区域投资网络的边缘位置,空间经济联系相对较弱。尤其是西藏、贵州等地的中间中心度均为0,说明其在整个网络中不具有控制能力。这主要归因于西藏、贵州等地与发达地区的距离较远,产业关联性较小,因此经济联系强度也较弱。

五、区域投资网络的凝聚结构分析

为了进一步了解网络内部的子结构,本书使用凝聚子群分析来确定各省份间上市公司交叉持股关联的强烈程度。凝聚子群分析是以区域间上市公司的交叉持股关联强度为依据,分析网络中积极联系的成员形成的小团体聚集现象。这种小团体并不具备区域间联盟的实际意义,仅说明团体内省份间的上市公司交叉持股联系紧密,公司交叉持股行为频繁,更多的是经济层面亲疏关系的体现。本书采用强调各成员关系相关性的 Concer 算法分析 2007 年、2010 年、2013 年我国区域投资网络的凝聚子群。

从区域投资网络的凝聚子群构成可以发现(见图 5-24),2007 年、2010 年、2013 年我国区域投资网络存在四个子群,通过上市公司间的竞争和资源重组后,网络结构在地理分布上更加层次分明,形成东、中、北、西各自分离的区域性群体。

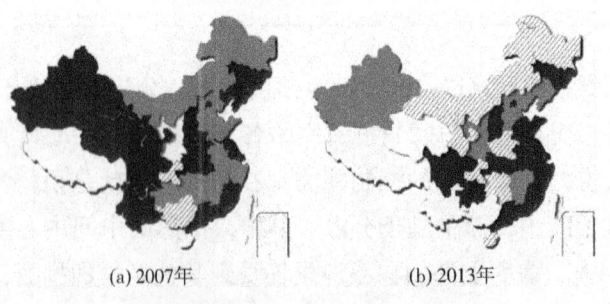

图 5-24 我国区域投资网络凝聚子群构成变化

从区域投资网络的凝聚子群分析结果发现(见图 5-25),目前,津冀赣子群和陕辽宁新子群共涉及 7 个省级行政区域,在 2 级层面属于一个凝聚子群，在3级层面分属2个凝聚子群，其中，河北、天津处于环渤海经济圈内，陕西、宁夏和新疆处于西北地区，辽宁和江西分别属于东北和东部地区。可以看出，环渤海经济圈、西部大开发经济区的省份间还未形成明显的经济集群，经济区内部不同省份间上市公司的交叉持股关系还不够密集，核心地区的带动效应和扩散效应还未得到充分发挥。

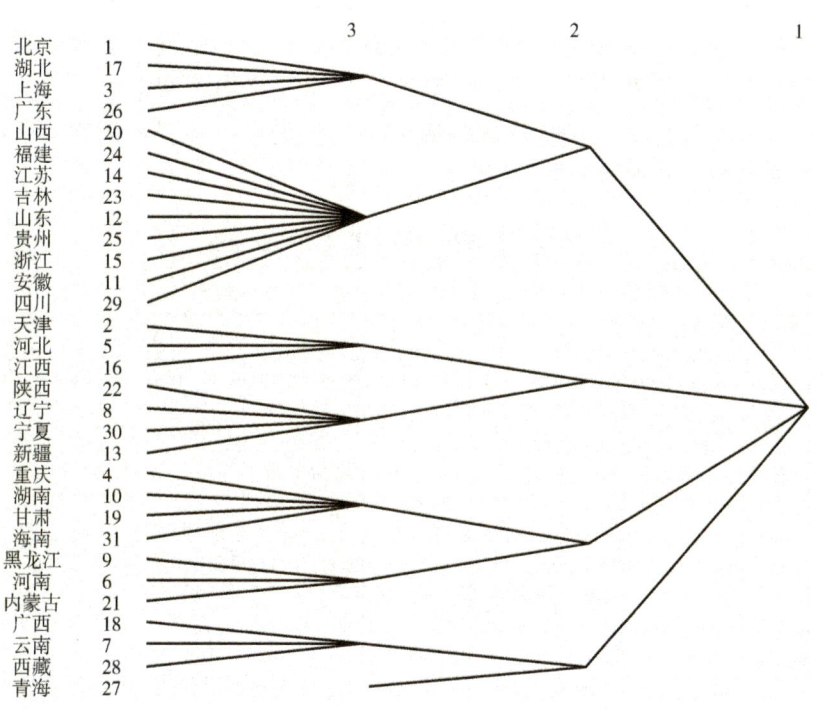

图5-25 我国区域投资网络凝聚子群分析结果（2013年）

渝湘甘琼子群和黑内豫子群在2级层面属于一个凝聚子群，在3级层面分属2个子群，并且渝湘甘琼凝聚子群对津冀赣子群3个省份的经济辐射力度也是我国其他省份集群内最强的，可见，重庆、湖南等省份已经逐步形成部分区域的经济增长极，发挥着其作为中心地带的经济集聚效应和辐射效应。

凝聚子群的密度可以反映子群联系的紧密程度（见表5-12），2013年，北京、上海、广东经济圈所涉及的12个省份在2级层面属于一个凝聚子群，在3级层面分属两个子群。北京、湖北、上海和广东构成的凝聚子群密度值最高，其值达到0.750，对山西、福建等省份形成的凝聚子群也有

很强的经济辐射效应,北京、上海、广东经济圈内省份间经济联系最紧密。进一步分析发现,北京、上海和广东构成的凝聚子群与其他5个凝聚子群之间存在不同程度的经济联系,这一特点是其他子群所不具备的。因此,该凝聚子群与我国其他省份上市公司的交叉持股联系最强,产生了很强的经济关联。可以认为,我国基于交叉持股的区域投资网络的发展是以该凝聚子群为基础发展起来的。环渤海经济圈、西部大开发经济区与我国其他凝聚子群的经济互动相对较弱,尤其是陕西、辽宁、宁夏、新疆子群,仅与北京、湖北、上海、广东子群存在投资联系。伴随着网络凝聚子群组成的变化,各子群之间、子群内部的密度值明显增大,各子群之间、子群内部的联系更加密切和频繁。

表5-12 区域投资网络凝聚子群密度表

	2007年 $R^2=0.312$						2013年 $R^2=0.314$							
	1	2	3	4	5	6		1	2	3	4	5	6	7	8
1	0.514	0.204	0.511	0.178	0.056	0	1	0.750	0.639	0.250	0.375	0.188	0.083	0	0
2	0.074	0.067	0.033	0	0	0	2	0.333	0.042	0.074	0.028	0	0.111	0	0
3	0.089	0	0	0	0	0	3	0	0.037	0.167	0	0	0	0	0
4	0.022	0	0	0	0	0	4	0.125	0	0	0	0	0	0	0
5	0	0.083	0	0	0	0	5	0.438	0.111	0.417	0.125	0.167	0	0	0
6	0	0	0	0	0	0	6	0.333	0.074	0	0.083	0.083	0	0	0.333
							7	0	0	0	0	0	0	0	0
							8	0	0	0	0	0	0	0	0

六、区域投资网络的核心—边缘结构分析

网络核心—边缘模型可以明确节点位于整个网络的位置,核心区域和边缘区域是一个相对概念。在区域投资网络中,网络的核心—边缘结构是根据区域投资网络节点间的相对关系进行划分的。

从区域投资网络的核心—边缘结构分析来看(见表5-13),2007年、2010年、2013年我国区域投资网络的核心区、边缘区发生了一些变化,但变化程度不大。北京、上海、广东一直是核心区,这与中间中心度的结果相吻合,且三者的核心位置没有发生变化。它们以其最突出的上市公司交叉持股

关系的数量和持股强度,成为我国区域投资的一级核心城市。北京是我国政治、文化与国际交往中心,是综合性产业城市,上海、广东更是全国经济、金融、贸易中心和东西方文化交汇地,综合经济实力保持在全国前列。三者拥有大量优质的上市公司和成熟的投资环境,具有明显的区位优势,是我国重要的资金来源和流向城市,因此,北京、上海、广东成为我国最重要的投资发展核心城市,带动着周边区域的发展和资源重组。

表5-13 区域投资网络的核心—边缘结构

年份	区域	省级行政区域
2007	核心区	北京 天津 上海 河南 云南 辽宁 安徽 江苏 浙江 吉林 广东 四川
	边缘区	重庆 河北 黑龙江 湖南 山东 新疆 江西 湖北 广西 甘肃 山西 内蒙古 陕西 福建 贵州 青海 西藏 宁夏 海南
2010	核心区	北京 天津 上海 重庆 河南 云南 辽宁 山东 江苏 浙江 山西 福建 广东 四川
	边缘区	河北 黑龙江 湖南 安徽 新疆 江西 湖北 广西 甘肃 内蒙古 陕西 吉林 贵州 青海 西藏 宁夏 海南
2013	核心区	北京 天津 上海 湖南 山东 江苏 浙江 湖北 福建 广东
	边缘区	重庆 河北 河南 云南 辽宁 黑龙江 安徽 新疆 江西 广西 甘肃 山西 内蒙古 陕西 吉林 贵州 青海 西藏 四川 宁夏 海南

从我国区域投资网络联系密度的演化趋势来看(见表5-14),2007年、2010年和2013年核心区省份间、核心区与边缘区的投资联系密度逐渐减小。核心区成员的联系密度由2007年的0.417降至2013年的0.333,下降了20.1%,核心区与边缘区的联系密度也由0.132降至0.119,下降了大约10%,说明核心区内部、核心区与边缘区的投资联系正在逐渐减弱;而边缘区省份间、边缘区与核心区的投资联系密度是不断增长的,边缘区成员的联系密度由0.006增至0.031,边缘区与核心区的联系密度也由0.026增至0.105,增长幅度很大,边缘区内部、边缘区与核心区的区域投资联系的紧密性逐渐增强。

表 5-14　核心区与边缘区网络联结密度演化趋势

区域	2007 年		2010 年		2013 年	
	核心区	边缘区	核心区	边缘区	核心区	边缘区
核心区	0.417	0.132	0.357	0.126	0.333	0.119
边缘区	0.026	0.006	0.059	0.011	0.105	0.031

从基于交叉持股的区域投资网络的核心—边缘模型中可以看出，一方面，目前，我国区域投资网络中的核心—边缘空间格局存在明显的分层，核心区内部成员的联系紧密，边缘区内部、边缘区与核心区间的联系较弱，我国发达地区，尤其环渤海区域、珠江三角洲区域、长江三角洲区域的经济发展远高于欠发达地区；另一方面，我国发达地区与欠发达地区在经济上的差距逐渐缩小，欠发达地区吸引外资的能力和资金外流的程度得到加强，边缘区内部、边缘区与核心区投资联系的紧密程度正在不断增强，区域间的经济联系正向均衡方向发展。

第五节　本章小结

本章应用复杂网络分析方法和相关理论，从公司层面和区域层面对上市公司交叉持股网络的结构特征及演化进行了历时性分析，并得出以下结论：

1. 上市公司交叉持股网络的结构及演化分析

第一，交叉持股网络结构发生了明显的变化。网络整体密度不高，公司间的持股关系具有很大的提升空间，并且网络密度先增后减；网络的平均度变化比较平稳，公司之间的持股关系相对比较稳定；网络的平均路径长度缓慢降低，网络的传输性能和效率有所提升，但公司间交叉持股的集聚程度具有一定的波动性。

第二，交叉持股网络呈现出明显的小世界特性。与具有相同数目节点和边的随机网络相比较，交叉持股网络具有较短的路径长度和较大的集聚系数。

第三，交叉持股网络的无标度特性越来越明显。交叉持股网络是一个非均匀网络，有些公司的节点度较大，有些公司的度值则较小，这些公司对交叉持股网络的稳定性和风险扩散性有着不同的影响，并且网络具有幂律特征，是有序的。

2. 基于上市公司交叉持股关系的区域投资网络的结构及演化分析

第一，我国区域投资网络的小世界效应明显。网络具备较短的平均路径和较大的集聚系数；网络的集聚系数呈现递减规律，区域投资关系呈均衡发展趋势。

第二，我国区域投资网络的结构渐趋复杂。网络节点的程度中心度有明显的差异，一些区域同时具有较好的集聚作用和辐射作用；一些区域不但吸引外资能力较弱，而且它们还将资金用来投资沿海发达省份。网络的中间中心度不高且呈下降趋势，网络中节点的控制力和影响力存在一定的差异，存在明显的分层。

第三，我国区域投资网络的小团体现象显著。子群内经济联系频繁，子群之间互动不明显。但伴随着网络凝聚子群构成的变化，各子群之间、子群内部的密度值明显增大，各子群之间、子群内部的联系更加密切和频繁。

第四，我国区域投资网络的核心—边缘格局分层明显。核心区内部成员的联系紧密，边缘区内部、边缘区与核心区间的联系较弱；但核心区的投资联系密度正在逐渐减小，边缘区内部、边缘区与核心区投资联系的紧密程度正在不断增强，区域间的经济联系正向均衡方向发展。

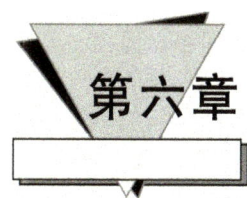

第六章

交叉持股网络演变的动因分析

第六章 交叉持股网络演变的动因分析

上一章探讨了上市公司交叉持股网络的结构特征及演化,那么,推动交叉持股网络形成和演化的动力因素是什么?演化过程中出现阶段性特点的内在原因又是什么?上市公司交叉持股网络的影响因素作用机理需要进一步明确,但又难以用传统的统计检验方法进行分析。本章从影响交叉持股网络形成和演化的动力因素入手,借助社会网络中基于置换的检验方法,从关系角度出发对影响交叉持股网络结构演变的因素进行考察,挖掘各动力因素在交叉持股网络结构演变过程中的作用模式以及主要动因如何影响上市公司的交叉持股行为,探究交叉持股网络结构演化的机理。

第一节 交叉持股网络结构演变的动因分析

一、交叉持股关系的动因分析

交叉持股行为的形成和发展具有多因素性,主要包括战略联盟、财务需要、利益驱动、政策制度、经济环境等。Miyajima et al.(2005)基于银行与企业之间交叉持股现象的实证研究,提出公司利润的高低是交叉持股发生与解除的主要原因。Isagawa(2007)从管理者自利视角对交叉持股进行了研究,认为低成本是交叉持股的优越性,而在公司绩效较差时管理者会选择解除交叉持股。储一昀和王伟志(2001)通过针对我国第一起交叉持股案例(辽宁成大与广发证券相互持股)的分析,认为交叉持股受到政府、政策的影响,为了护盘、实现资源优势联合的目的,促使公司交叉持股的形成,同时地方的保护政策和投资主体的人为操纵等因素共同构成了交叉持股的动力。刘成彦和陈炜(2006)认为,公司股权结构和公司治理因素、利益驱动、监管力度和市场环境等共同影响着大股东的交易行为。裴桂芬和赵翠(2012)在对日本和德国交叉持股模式的演变过程的分析中认为,交叉持股演进过程的每一阶段都与当时的社会环境、经济环境密切相关。李棚和陈爱成(2012)对相互持股进行了理论分析,认为法律和经营环境是相互持股的基础,行业环境和资本市场是催化剂,加速了相互持股现象的发生。基于前述文献研究,可以发现交叉持股行为是公司、政策、法律、经济环境等众多因素共同作用的结果,这些因素组成了交叉持股关系形成与变化的内部与外部动力机制,通过综合作用推动着交叉持股网络的形成和不断演化。

(1) 公司战略。企业的长期战略目标推动着公司的决策和发展，交叉持股关系的形成与演化源于公司战略目标的实现需要。随着我国资本市场的迅速发展，企业在自身行业达到饱和的状态下，抑制了其利润的增长，企业便会主动寻求新的利润增长点，以实现公司价值最大化，于是多元化经营成为主要途径之一。公司战略顺应市场需求不断调整，交叉持股由于成本较低的优越性更容易被企业选择，而经营成本的降低、公司效益的稳定巩固了企业的市场地位。

(2) 公司价值。从根本上讲，公司交叉持股行为的动力源于公司价值的驱动。如果交叉持股无法实现企业的公司价值，那么，这种维持关系的动力是不会存在的，这是由公司性质决定的，公司价值最大化是企业的发展目标。交叉持股上市公司在以下方面均表现出更为突出的优势，进而能够提升企业的公司价值，并获取更多投资收益：稳定公司经营权和管理层，防止恶意收购和兼并；形成风险分担机制，降低经营风险；建立稳定的战略联盟关系，形成规模经济效应和协同效应；增加新的融资渠道等公司价值的驱动直接推动着上市公司交叉持股关系的形成和变化，交叉持股网络形成和演化的动力是上市公司集合而成的，不会因个别公司价值、经营绩效的增加或降低而波动，只有当众多交叉持股上市公司的公司价值得到提升，业绩实现提高，交叉持股网络的演化动力才更加充足。

(3) 其他动因。除公司战略、公司价值与获取投资收益外，产业分工体系、经济环境、重大事件等外部因素也能够对公司的交叉持股行为发挥重要作用，从而影响公司交叉持股的强度及其变动程度。这些促进或抑制交叉持股关系的动力因素可以归为外部动因，它通过作用于内部动因而影响交叉持股关系的变动。其中，产业分工体系的形成与整合有助于企业相关配套产业的发展，完善公司间的专业分工与协作。同时，也有助于优化公司的经济联系，形成互补的协作关系。这样既可以通过资源共享来优化资源配置，最终实现公司的战略目标，也可以通过专业的分工与协作提高公司竞争优势，获取更多的投资收益。经济环境影响资金、技术、信息等生产要素的流动，最终推动这些生产要素呈现出趋向合理化的流向，或促进企业获得战略利益，形成公司战略目标实现的基础资源；或通过要素的集聚与扩散提升公司价值，创造更多投资收益，以此作用于公司的交叉持股行为。

二、交叉持股网络演变动因的联系

上市公司交叉持股网络演化过程中的动因并非是孤立的，而是存在着联

第六章 交叉持股网络演变的动因分析

系,各动因之间相互作用,相互影响,共同推动着交叉持股网络结构的形成和演化。表6-1展示了交叉持股网络演变驱动因素的分类以及各类动因间的联系。

表6-1 交叉持股网络演化的动因分类与联系

动因类型	动因名称	动因描述
根本动因	公司价值驱动	直接推动交叉持股网络结构演化
内部动因	战略动因	作用于根本动因
	财务需要	作用于根本动因
外部动因	政策制度	作用于内部动因
	经济环境等	作用于内部动因

1. 公司价值是上市公司交叉持股网络形成和演化的根本动因

企业是以实现公司价值最大化为目标,为了提升公司价值,提高公司经营绩效,两家或多家上市公司间有目的地建立交叉持股关系。交叉持股公司在资源要素集聚—扩散机制的共同作用下,相互合作,密切联系,且共享信息、资金等资源要素。可见,交叉持股网络演化的主要动力也可以理解为公司价值的诱导。如果上市公司可以通过交叉持股行为提升公司价值,那么这种预期利益将驱动公司之间持股关系的建立和持续,成为促进交叉持股网络形成和演化的根本动力。企业以实现公司价值最大化为目标开展商业活动,制定公司决策。预期利益的大小、强弱是公司持股行为的原动力,公司价值的驱动是交叉持股网络形成和演化的根本动因。

2. 战略动因、财务需要是交叉持股网络演化的内在动因

战略联盟、财务需要、政府政策、经济环境、重大事件等均是上市公司交叉持股的动力因素,在众多影响因素中,公司战略和财务需要被证明是最重要的两个影响因素。根据交叉持股的不同动因,可以将交叉持股划分为战略型交叉持股和财务型交叉持股两类。"战略动因"是指上市公司之间基于某种目的(例如,建立战略联盟、形成规模经济等),有针对性地相互持股,从而公司之间结合为利益整体,寻求一种稳定的联盟关系,产生协同效应。"财务需要"是指上市公司之间以获取短期投资收益为目的而建立的持股关系。上市公司交叉持股网络的演化,本质上是上市公司之间的一种公司法人持股行为的演变,"战略动因"与"财务需要"是交叉持股网络演化的内部动因,通过作用于根本动因，从而对交叉持股网络的演化产生影响。而政府政策、经济环境、重大事件等为外部动力，通过作用于内部动力而对交叉持股网络演化产生影响。

三、交叉持股网络演变的驱动模式

基于上述关于上市公司交叉持股网络演化动因的分析，本书构建的交叉持股网络演化动因的驱动模式（如图6-1所示）主要包括三个层次。首先，具体动因。根本动因为公司价值驱动，内部动因主要有公司战略与财务需要两种类型，外部动因包括政府政策、经济环境、重大事件等。其次，动因的作用对象。内部动因的作用对象为交叉持股网络的上市公司，作用方式为影响公司价值的实现。战略动因作为公司治理的一种手段，其作用效果为公司形成以长期战略目标为导向的战略型交叉持股；财务需要动因作为一种财务运作手段，其作用效果为公司形成以获取财务收益为导向的财务型交叉持股。最后，公司价值是交叉持股网络演化的根本动力，直接推动着公司交叉持股关系的变迁。不同的目标导向，公司最终实现的经济效果也会有所不同，公司价值和经营绩效最终决定着上市公司交叉持股网络的演化情况。

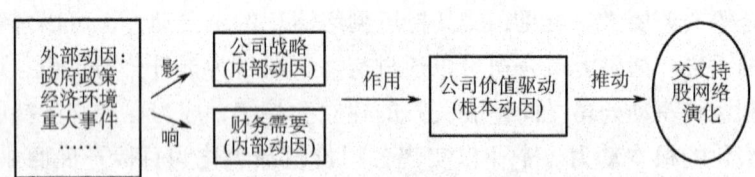

图6-1 交叉持股网络演化的驱动模式

上市公司交叉持股网络演化动因作用机理的研究具有一定的复杂性。首先，研究上市公司交叉持股网络形成和演化作用机理的关键在于理解战略动因、财务需要动因各自变量与公司交叉持股网络之间的关系，即检验"点的属性"与"关系数据"之间的关系。其次，在交叉持股网络演化的动因驱动模式中，战略动因与财务需要的各自变量之间存在相互关联，由于这种相关性，致使战略动因与财务需要这两个内部动因对交叉持股网络演化的影响作用需要借助社会网络中基于置换的检验方法，分析"点的属性"与"关系数据"的关联性。可见，关系结构以及自变量间的非独立性，形成了交叉持股网络演化作用机理的复杂性。因此，基于关系的假设检验分析，是探索交叉持股网络演化动因的关键。

第六章　交叉持股网络演变的动因分析

第二节　交叉持股网络演变动因的研究假设

基于上节交叉持股网络演化驱动模式的分析，战略动因与财务需要对交叉持股网络结构的影响包含两个方面：一是分别从公司的长期战略目标和获取财务投资收益两方面作用于交叉持股网络；二是两个动因自变量与关系结构的关联性，即战略动因与财务需要如何作用于交叉持股网络演化。这两个方面构成了交叉持股网络演化内部动因的作用机制。

交叉持股的动机非常复杂，学者们对这一问题的研究尚处于探索阶段，并没有找到一致的经验证据，这是未来交叉持股研究的重要方向。但从长期来看，公司之间的交叉持股行为可以建立起长期而又稳定的合作关系，战略联盟、公司治理等能够解释交叉持股的战略动因，获取公司财务收益可以解释交叉持股的财务需要动因。

在有关交叉持股作为一种公司治理手段的研究中，Sinha（1998）认为，管理层通过实施交叉持股可以有效地避免自己的无效率行为，提高管理层的公司治理效率。Osano（1996）发现，通过实施交叉持股可以有效地防止管理层在经营中的短视行为。Ramseyer 认为，公司实施交叉持股行为能够在一定程度上限制公司管理层的道德风险。Berglof（1994）认为，公司通常是基于战略上的考虑来实施交叉持股的。Ito（1992）和 Nyberg（1995）认为，管理者利用交叉持股可以抵御恶意的股权收购，并指出管理层会受益于交叉持股，并且管理者抵御恶意的收购有利于股东提高自身在接管中讨价还价的能力。黄琼宇发现，公司进行交叉持股通常是为了形成战略联盟，以实现经济规模，或是为了降低交易成本，保持稳定的经营，公司战略动因在新会计准则颁布前更为明显。通过上述分析，交叉持股可以成为公司稳定经营的需要，作为公司治理的手段。

目前我国大部分交叉持股是为了赚取投资收益，秦俊和朱方明（2009）认为，目前我国交叉持股的动因主要是获取财务收益，松散的低比例财务投资型居多，尤其新会计准则颁布后交叉持股获取投资收益的动因更加明显。因此，交叉持股可以成为公司获取财务投资收益的需要，作为公司赚取投资收益的手段。

总之，基于公司战略和财务投资收益上的考虑来实施交叉持股可以有效地实现业务协作与整合，公司之间形成相互影响、相互制约的格局。交叉持股网络具有无标度的特性,公司的交叉持股行为遵循优先连接,公司更倾向与那些资源充沛程度、治理结构完善程度接近的企业优先相连。因此,各公司治理结构的完善程度、财务投资收益的获取程度便会在相互交叉持股关系中产生影响,即公司治理结构、财务收益相似的公司在交叉持股网络中的联系越密切。

综上所述,本书提出交叉持股网络演变动因的假设:

假设1(H6-1):公司治理结构越接近的上市公司,交叉持股关系越密切,即交叉持股倾向于在治理结构相似的公司间形成。

假设2(H6-2):公司财务收益越接近的上市公司,交叉持股关系越密切,即交叉持股倾向于在财务收益相似的公司间形成。

第三节 交叉持股网络演变动因的研究方法

在交叉持股网络演化作用模式的假设下,本书尝试建立可以实现定量与实证分析的交叉持股网络演化驱动模型。在复杂的关系结构中,利用常规的统计分析方法难以解释关系数据之间的相关性,此时变量的显著性检验失去意义,模型的验证功能也会失效。那么,社会网络分析中基于置换的检验方法便可以发挥其优势,针对基于关系结构的假设进行检验。许多基于置换的检验方法(例如,点—关系混合层次的假设检验、QAP的假设检验等)的应用范围不断扩展,已广泛应用于社会科学、经济学和管理学的研究中。然而,目前变量与关系数据之间的检验方法应用于公司治理领域的研究非常有限,并且大多集中使用QAP相关关系与回归分析方法来研究连锁董事联结、高管联结等内容。本章采用社会网络分析中基于置换的检验方法(点—关系假设检验的原理和方法),对交叉持股网络形成和演化的动因进行判定。

一、主要研究方法

上市公司交叉持股网络是在上市公司之间单方或双方相互持股关系的基础上形成的复杂网络,对其演化动因的研究,首先要确定其动因变量,即影响交叉持股网络结构演化的因素。公司治理、财务收益这些因素是否与交叉持股网络结构的演化具有相关性,哪些变量因素促进了交叉持股网络的演化进程,这些问题都需要进行基于关系的假设检验来分析。基于关系结构的复杂网络的自变量之间不是相互独立的,无法利用常规的统计分析方法研究其自变量和因变量之间的关系。因此,本书需要借助社会网络分析中基于置换的检验方法,对动因自变量与交叉持股网络之间的关系进行假设检验。

在复杂网络的研究中,对关系命题的检验主要包括以下三个方面:

第一,基于点层次属性数据(Node – level)的假设检验。这种假设检验所涉及的变量是以研究对象个体为视角的属性层次变量,其中主要包括回归分析、T检验和方差分析三种。本书主要研究的是交叉持股网络演化的动因,即动因变量与交叉持股网络之间的相互关系,以及这种关系产生和变化的原因,网络中各公司节点个体属性的研究不属于本部分的研究范畴,因此,本书没有涉及网络研究中点层次属性数据的假设检验。

第二,基于点—关系混合(Mixed Dyadic/Nodal)层次的假设检验。这种假设检验所涉及的变量主要包括网络节点的属性层次变量以及点与点之间的关系矩阵变量,用来分析"点的属性"与"关系结构"的关联性。在交叉持股网络演化动因的研究中,根据点—关系混合层次的假设检验,可以分析网络中各上市公司之间的属性差异是否对交叉持股网络结构产生影响。

第三,基于关系—关系(Dyadic QAP)层次的假设检验。这种假设检验可以用来判定两种关系之间是否存在关联性,是一种检验关系矩阵之间相关关系的方法,主要包括:矩阵相关分析、矩阵关系列联表分析、矩阵回归分析三种方法。

二、点一关系混合层次的假设检验

在社会网络的分析中,点—关系混合层次的假设检验可进一步细分为两类:第一类是对点的离散性数据与关系数据之间的相关性进行判定,称为类别变量与关系变量之间相关性的检验;第二类是对点的连续性数据与关系数据之间的相关性进行检验,称为连续变量与关系变量之间相关性的检验。本书研究中所采用的主要是连续性数据。

网络科学中连续变量与关系变量之间关系的检验方法主要来源于空间自相关理论,即地理事物或现象的相似性与其在空间上的距离密切相关,相关程度用空间自相关统计量表示,它是用于度量地理数据的一个基本测度:某位置上的数据与在同一个分布区域内的观测数据之间存在潜在的相互依赖性。通常把这种依赖称为空间依赖。地理数据由于受空间相互作用和空间扩散的影响,总是表现出一定的空间关联性。空间自相关分析起源于地理学,是当前空间统计学研究的热点,并已广泛应用于社会科学、行为科学、经济与管理科学的研究中。目前,对自相关的测度主要有 Moran's I 指数和 Geary's C 指数,在网络科学的研究中也使用这两种指数来检验网络成员在属性变量和网络距离之间是否存在关联性。

Moran's I 指数是用来度量空间自相关的全局指标,能够反映空间邻接或空间邻近的区域属性值的相似程度。Moran's I 指数可用于检测空间单元是否存在聚类现象,测度方法与常规相关系数的方法相近,实际上是两个变量的协方差除以方差,主要关注的是变量间的协变异,其公式表达为:

$$I = \left(n\sum_{i=1}^{n}\sum_{j=1}^{n}C_{ij}(x_i - \bar{x})(x_j - \bar{x})\right) / \left(\sum_{i=1}^{n}\sum_{j=1}^{n}C_{ij}\sum_{i=1}^{n}(x_i - \bar{x})^2\right) \quad (6-1)$$

其中,$\bar{x} = \frac{1}{n}\sum_{i=1}^{n}x_i$,$C_{ij}$ 是空间权重矩阵,q 是空间单元 i 和 j 之间的影响程度。

Moran's I 指数的取值范围为 [−1, 1],指数越接近于 −1,表示单元特征上的相似性与其距离远近越呈现负相关关系;指数越接近 1,表示单元特征上的相似性与其距离越呈现正相关关系(高值聚集或低值聚集);指数接近 0,表示二者之间不存在明显的相关性。

由于 Moran's I 指数不能判断空间数据是高值聚集还是低值聚集,1992 年 Getis 与 Ord 提出了 Geary's C 指数,通过对成对数据的比较来判定单元特征的相似性与二者之间空间距离的关系。其公式表达为:

$$C = \left((n-1)\sum_{i=1}^{n}\sum_{j=1}^{n}C_{ij}(x_i - x_j)^2\right) / 2\left(\sum_{i=1}^{n}\sum_{j=1}^{n}C_{ij}\right)\left(\sum_{i=1}^{n}(x_i - \bar{x})^2\right) \quad (6-2)$$

Geary's C 指数采用距离权,要求单元的属性值为正,所以 Geary's C 指数的取值范围为 [0, 2]。当其取值在 0~1 时,表明存在正的空间自相关关系;当其取值在 1~2 时,表明存在负的空间自相关关系,但 Geary's C 指数的取值也存在大于 2 的情况。

在上市公司交叉持股网络演化的动因分析中,采用连续变量与关系变量之间关系的检验方法,借助 Moran's I 指数和 Geary's C 指数分析,能够客观地分析公司治理动因与财务收益动因对上市公司交叉持股网络演化的影响;同时,其动因变量与关系变量之间的假设检验也可以弥补常规统计分析方法在解决关系数据问题上的缺失,最终得到更有效的结果。

三、关系—关系层次的假设检验

在复杂网络的研究中,还会经常对两类"关系"之间的关系进行假设检验(Dyadic QAP),用于分析具有相同节点的两个网络之间的相关性。QAP(Quadratic Assignment Procedure)是对关系间的关系进行研究的特定方法,它通过对两个矩阵各个值进行比较,给出两个矩阵间的相关系数,通过矩阵置换的方式对系数进行非参数检验。

具体操作步骤如下:

第一,将每个矩阵的所有取值看作长向量,每个向量包含 $n(n-1)$ 个数字(忽略矩阵对角线上的数字),通过计算这两个长向量之间的相关系数得到两个矩阵的相关系数。

第二,同时对一个矩阵的行和相应列进行随机置换,计算置换后矩阵之间的相关系数。重复一定次数的计算,可以得到一个相关系数的分布。

第三,比较实际网络之间的相关系数与随机重排得到的相关系数的分布,看实际的相关系数在一定的显著性水平下落入接受域还是拒绝域,进而对初始假设做出判断。

QAP 置换检验与常规检验的不同之处主要在于:常规的统计检验是对属性变量之间的关系进行的检验,要求样本数据间应该相互独立,总体为正态分布,属于参数检验,检验结果可以推广到总体;而置换检验是对关系变量之间的关系进行的检验,不要求样本数据相互独立,也不注重其总体分布,属于非参数检验,主要用于对一些关系性命题的检验。在交叉持股网络研究中,使用 QAP 相关分析可以对交叉持股网络与上市公司其他网络之间的关系进行假设检验。

第四节 交叉持股网络与内部动因关系的判定

一、样本选取与数据来源

本书选取沪深 300 指数上市公司作为研究对象,本章以 2013 年度财务报告中的数据为基础,通过观察上市公司披露的交叉持股关系信息,研究哪些因素影响了交叉持股网络的演化进程。2013 年共涉及 186 家交叉持股公司样

本,其中130家沪市上市公司,56家深市上市公司。

本书研究涉及的上市公司交叉持股关系数据主要来自国泰安数据库(CSMAR)、证券时报网站,其他数据均来自国泰安数据库。在获取有效数据之后,借助 Ucinet 软件、SPSS 统计分析软件对数据进行处理分析。

二、变量选取

首先,确定交叉持股网络与内部动因关系的判定变量,上市公司交叉持股网络关系矩阵可以理解为被解释变量,网络演化的内部动因为解释变量。被解释变量为反映上市公司交叉持股网络的关系变量,解释变量分别为反映公司战略动因的公司治理结构变量:第一大股东持股比例、公司第二大股东至第十大股东持股比例之和、高管持股比例;反映公司财务需要动因的公司发展能力变量:总资产、总资产增长率;以及公司盈利能力变量:资产收益率、净资产收益率。表6-2列出了关系判定中包含的变量,具体解释如下。

表6-2 交叉持股网络演化动因变量定义表

动因类别	变量类别	变量名称	变量代码	变量含义
公司战略动因	公司治理结构	股权集中度	CR	公司第一大股东持股比例
		S 指数	S	公司第二大股东至第十大股东持股比例之和
		高管持股比例	MS	高管持股数量/总股数
财务需要动因	公司发展能力	公司规模	Size	公司总资产的自然对数
		总资产增长率	SizeIn	(资产总计本期期末值 - 资产总计本期期初值)/(资产总计本期期初值)
	公司盈利能力	资产收益率	ROA	净利润/总资产
		净资产收益率	ROE	净利润/股东权益

1. 被解释变量

本书的被解释变量选取交叉持股网络对应的关系矩阵,作为表征上市公司之间交叉持股网络的变量,在上市公司交叉持股关系中,采用 N*N 的关系矩阵 COR_{ij} 来表达其网络的联结关系,具体定义如式(6-3)所示:

$$COR_{ij} = (x_{ij}) = \begin{bmatrix} x_{11} & x_{12} & \cdots & x_{1j} \\ x_{21} & x_{22} & \cdots & x_{2j} \\ \cdots & \cdots & \cdots & \cdots \\ x_{i1} & x_{i2} & \cdots & x_{ij} \end{bmatrix} \quad (6-3)$$

第六章 交叉持股网络演变的动因分析

根据式（6-3）对上市公司交叉持股网络关系进行量化，具体赋值如下：

$$x_{ij} = \begin{cases} 1 & 公司\ i,j\ 存在交叉持股关系 \\ 0 & 公司\ i,j\ 不存在交叉持股关系 \end{cases} \tag{6-4}$$

2. 解释变量

本书解释变量的选取主要是根据我国上市公司交叉持股关系的特征、研究假设以及相关参考文献来进行的，主要涉及公司战略动因变量及公司财务需要变量两大类。主要解释变量反映了交叉持股网络演化的影响因素，具体包括以下几方面：交叉持股上市公司的公司治理结构、公司发展能力以及公司盈利能力。具体变量的设定如表6-2所示。

三、置换检验

将公司战略动因和财务需要动因各变量作为交叉持股网络中各节点（上市公司）的属性变量，以交叉持股网络的邻接矩阵为关系矩阵，分析各动因变量与交叉持股网络的关联关系。观测公司战略动因、财务需要动因与交叉持股网络之间的相互作用关系，对原假设进行检验。

1. 交叉持股网络与公司战略动因关系判定

对公司战略动因各变量与交叉持股关系矩阵的相关关系进行分析，研究公司治理结构对上市公司交叉持股网络形成和演化的影响机理，分析结果见表6-3。

表6-3 交叉持股网络与公司战略动因的相关关系分析

动因类别	解释变量	被解释变量（交叉持股网络关系矩阵）					
		Moran's I 指数			Geary's C 指数		
		观测值	随机置换值	Sig.	观测值	随机置换值	Sig.
公司战略动因	CR	0.171**	0	0.010	0.962	0.998	0.395
	S	0.127***	-0.006	0.006	0.972	0.986	0.303
	MS	-0.020	-0.005	0.465	0.654	1.021	0.195

注：*** 表示 t 检验在1%水平显著；** 表示 t 检验在5%水平显著；* 表示 t 检验在10%水平显著。

第一，在股权集中度（CR）与交叉持股网络关系矩阵的检验中，Moran's I 指数观测值为0.171，大于0，表明公司的股权集中度与交叉持股网络之间存在正相关关系，即上市公司更倾向于在股权集中度差异不大的公司间建立交叉持股关系。并且，CR 的观测值 0.171 与随机置换值 0 差异不大，且其观测值通过了 0.05 显著性水平下的显著检验。

其 Geary's C 指数的观测值为 0.962，非常接近 1，表明股权集中度与交叉持股网络的自相关关系不明显，并且观测值不显著，因此不具备统计学意义，可以不予采纳。

在股权集中度与交叉持股网络的自相关分析中，股权集中度的 Moran's I 指数通过 0.05 显著性水平下的显著性检验，存在显著正相关。也就是说，公司股权集中度对交叉持股网络各节点间关系的作用明显，股权集中度是上市公司建立交叉持股关系时考虑的因素，公司股权集中度对交叉持股网络的演化具有一定影响。

第二，在 S 指数（S）与交叉持股网络关系矩阵的检验中，Moran's I 指数观测值大于 0，表明公司的 S 指数与交叉持股网络之间存在正相关关系。S 指数是反映公司股权制衡的一个指标，因此验证了上市公司更倾向于在股权制衡度差异不大的公司间建立交叉持股关系。并且，其观测值的显著性检验达到 0.01 的水平。

其 Geary's C 指数的观测值小于 1，显示 S 指数与交叉持股网络的正相关关系，与 Moran's I 指数结论一致，但其统计结果不显著，故不采纳 Geary's C 指数的检验结果。

在 S 指数与交叉持股网络的自相关分析中，S 指数的 Moran's I 指数通过了较好的显著性水平检验，存在显著正相关。也就是说，公司 S 指数对交叉持股网络各节点间关系的作用明显，公司股权制衡是上市公司建立交叉持股关系时考虑的因素，公司股权制衡度对交叉持股网络的演化具有一定影响。

第三，在高管持股比例（MS）与交叉持股网络关系矩阵的检验中，Moran's I 指数观测值非常接近 0，表明高管持股比例（MS）与交叉持股网络的自相关关系不明显，并且统计结果不显著（Sig. = 0.465），故不采纳。其 Geary's C 指数小于 1，表明高管人员的持股比例在交叉持股网络中存在正相关关系，即上市公司更倾向于在高管持股比例差异不大的公司间建立交叉持股关系，但其观测值的显著水平 Sig. = 0.195，不存在显著性，故不采纳。

在高管持股比例与交叉持股网络的自相关分析中，其 Moran's I 指数和 Geary's C 指数均未能通过显著性检验。也就是说，公司高管持股程度对交叉持股网络演化的影响不明显。

根据公司战略动因与交叉持股网络关系矩阵的检验分析结果（见表6-3），除高管持股比例之外，公司股权集中度和制衡度变量的Moran's I 指数观测值均在0~1之间，观测值与随机置换所得均值差异较明显，在统计意义上显著，与交叉持股网络关系矩阵存在正自相关关系。因此，上市公司更倾向于在公司治理结构差异不大的公司间建立交叉持股关系，公司战略动因对交叉持股网络的演化存在显著影响。这部分验证了假设1（H6-1）：公司治理结构越接近的上市公司，交叉持股关系越密切，即交叉持股倾向于在治理结构相近的公司间形成。

2. 交叉持股网络与财务需要动因关系判定

对公司财务需要动因各变量与交叉持股关系矩阵的相关关系进行分析，研究公司发展能力和盈利能力对上市公司交叉持股网络形成和演化的影响机理，分析结果见表6-4。

表6-4 交叉持股网络与财务需要动因的相关关系分析

动因类别	解释变量	被解释变量（交叉持股网络关系矩阵）					
		Moran's I 指数			Geary's C 指数		
		观测值	随机置换值	显著性（Sig.）	观测值	随机置换值	显著性（Sig.）
财务需要动因	总资产（Size）	0.269***	-0.007	0	1.083	0.996	0.227
	总资产增长率（SizeIn）	0.127**	-0.004	0.028	0.504***	1	0
	资产收益率（ROA）	0.158***	-0.005	0.009	0.773	0.994	0.333
	净资产收益率（ROE）	0.181***	-0.007	0.006	0.603	1.048	0.296

注：***表示t检验在1%水平显著；**表示t检验在5%水平显著；*表示t检验在10%水平显著。

第一，在公司发展能力（Size 和 SizeIn）与交叉持股网络矩阵的检验中，Moran's I 指数均大于0，表明公司规模属性值与交叉持股网络之间存在正相关关系，显著性水平突出（均在0.05之内），即上市公司更倾向于在股权集中度差异不大的公司间建立交叉持股关系。

公司总资产（Size）的 Geary's C 指数的显著性水平值为0.227，不存在显著性，统计结果可以不予采纳。总资产增长率（Size In）的 Geary's C 指数较

小，显著性水平突出，表明总资产增长率在交叉持股网络中呈正相关关系，这与 Moran's I 指数的结果一致，并且观测值显著（Sig. ＝0）。

在公司发展能力与交叉持股网络的自相关分析中，公司总资产和总资产增长率的 Moran's I 指数通过显著性检验，存在显著正相关。也就是说，公司发展能力对交叉持股网络各节点间关系的作用明显，公司发展能力是上市公司建立交叉持股关系时要考虑的因素，公司发展能力对交叉持股网络的演化具有一定影响。

第二，在公司盈利能力（ROA 和 ROE）与交叉持股网络关系矩阵的检验中，Moran's I 指数观测值均大于 0，并且显著，表明公司盈利能力与交叉持股网络之间存在正相关关系，即上市公司更倾向于在公司盈利能力相近的公司间建立交叉持股关系。其 Geary's C 指数的观测值不显著，因此不具备统计学意义，可以不予采纳。

在公司盈利能力与交叉持股网络的自相关分析中，ROA 和 ROE 的 Moran's I 指数通过 0.01 显著性水平下的显著性检验，存在显著正相关。也就是说，公司盈利能力对交叉持股网络各节点间关系的作用明显，盈利能力是上市公司建立交叉持股关系时要考虑的因素，公司盈利能力对交叉持股网络的演化具有一定影响。

根据公司发展能力和盈利能力与交叉持股网络关系矩阵的检验分析结果（见表 6 - 4），公司财务需要动因变量的 Moran's I 指数观测值均在 0～1，在统计意义上显著，与交叉持股网络关系矩阵存在正自相关关系。因此，上市公司更倾向于在公司财务收益差异不大的公司间建立交叉持股关系，公司财务需要动因对交叉持股网络的演化存在显著影响，从而验证了假设 2（H6 - 2）：公司财务收益越接近的上市公司，交叉持股关系越密切，即交叉持股倾向于在财务收益相似的公司间形成。

第五节 本章小结

本章从交叉持股网络内部的视角，着重探讨在交叉持股网络演化过程中，促进交叉持股关系形成和演化的动因作用机理。首先，分析了交叉持股网络演化过程中的驱动因素，得出公司战略与公司财务需要、获取投资收益为主要内部动因的结论，并基于此建立了交叉持股网络演化的驱动模式。接着，在此上市公司交叉持股网络演化的驱动模式框架下，提出交叉持股网络演化内部动力因素的作用机理假设，即 H6-1：公司治理结构越接近的上市公司，交叉持股关系越密切，即交叉持股倾向于在治理结构相近的公司间形成；H6-2：公司财务收益越接近的上市公司，交叉持股关系越密切，即交叉持股倾向于在财务收益相似的公司间形成。最后，借助社会网络分析方法中的 Moran's I 指数和 Geary's C 指数，并以 2013 年沪深 300 指数中涉及交叉持股关系的上市公司为样本，基于其中的 186 家上市公司数据对交叉持股网络与内部动因的关系进行判定。根据点—关系混合层次的假设检验结果，认为上市公司的交叉持股关系更倾向于发生在公司治理结构和财务收益相差不大的公司间，验证了 H6-1 与 H6-2 的假设。

第七章

交叉持股网络的风险规避效应

第七章 交叉持股网络的风险规避效应

通过第二章交叉持股动机、交叉持股效应等方面研究文献的梳理可知，公司交叉持股可以作为构建股权结构的主要手段，并通过公司治理过程对公司绩效、股价、股市风险等产生不可忽视的效应。结合第三章交叉持股网络的理论基础，第四章构建了交叉持股网络，对交叉持股网络特征进行考察，以及第五章基于复杂网络，特别是社会网络分析方法，从公司层面和省域层面探索了交叉持股网络的演化过程。根据第六章检验判定交叉持股网络演化动因的研究，可知公司战略与财务收益是交叉持股网络演化的主要动力。本章则将针对交叉持股网络演化的效应，建立多元回归模型对研究假设进行检验，研究交叉持股在规避风险、提高经营绩效方面对公司发展产生的影响。

第一节 交叉持股的效应分析

交叉持股作为一种特殊股权结构形式，对上市公司治理会产生不可忽视的影响，而且这种影响是多方位的。近年来，交叉持股现象引起了学者、政府和企业等各方的关注。国资委等政府部门多次强调交叉持股在深化国有企业改革和股权置换中的重要性，通过国有企业之间（尤其是中央和地方国有企业之间）、国有企业与民营企业之间的交叉持股，加速了企业间的联合，促进了央企和地方重点企业的股份制改造，有利于克服国企改革中的一些弊端。因此，政府部门一直鼓励中央大型企业之间、央企与地方企业之间相互持股，上下游企业相互参股。同时，民营企业也注意到交叉持股有益于企业的发展，不仅有利于企业间资源、信息、技术的共享和交流，还可以克服发展中缺乏合作和规模效应的弊端，交叉持股作为构建企业股权结构的重要手段便应运而生。由此可见，研究我国企业交叉持股的效应，积极引导上市公司的交叉持股，引导其向有益于企业的正效应发展非常必要。

交叉持股产生的效应是多方面的，其中主要体现在公司绩效、财务特征以及风险规避效应等方面。一般认为，交叉持股通过上市公司治理结构对企业产生了多方位的影响，这种影响进而促进或抑制着公司的发展。

一、交叉持股对公司治理绩效的影响

公司治理绩效是指企业在一定时期内通过对公司治理结构的影响，最终

表现在公司绩效上的效益和业绩。公司治理绩效是公司经营效益水平的综合体现，是公司经营过程中经济价值的整体反映，也是公司盈利能力、发展能力、竞争能力、科学合理配置资源、满足市场需求、适应经济环境的综合表现。公司治理绩效可以说是宏观经济形势、市场需求以及公司的所有能力等各方面因素综合后，通过多方位的综合评价，对公司的经营绩效以及发展潜质的全面认识。

目前，许多国家都允许公司之间的交叉持股作为一种特殊的股权结构形式存在，尤其是在日本和德国，交叉持股现象更加普遍，并将这种股权结构作为企业制度的基础。这是因为交叉持股在公司的经营、财务以及管理方面都可以对公司起到促进作用，进而提升公司的绩效。交叉持股对公司治理结构的促进作用主要体现为：通过交叉持股可以提升上市公司经理层的治理效果，进而对公司治理绩效产生有利影响。但是，交叉持股犹如一把"双刃剑"，既存在一定的正面效应，促进企业的发展，也存在一定的负面效应。交叉持股对公司治理结构的负面效应主要体现为：交叉持股有可能引起企业内部人控制现象，破坏公司原有的内部监督机制，进而对公司治理绩效产生不利影响。

1. 交叉持股可以提升经理层的治理效果

随着资本市场和企业制度的发展，公司经营规模不断扩大，经营多元化和差异化逐渐增强。公司股东将企业的经营权逐渐交给经理层，委托其对企业进行经营和管理，以获取经营利润，实现股东利益最大化，公司的所有权和经营权逐渐分离，委托代理关系便应运而生。委托代理关系其实是一种契约，即委托人（股东）聘用代理人（经理层）来替代他们行使某些职责和决策。企业股东为了实现利润最大化的目标，向公司投入一定的资本，并委托经理层代为管理和经营。经理层则作为代理人，本身并非企业的所有者，即使在一定程度上持有股份，但比例较小。他们主要向企业投入人力成本，容易以实现自身利益最大化为主要目标，例如，较高的薪酬和社会地位，或投入较低的人力成本。总之，管理者为实现股东利益最大化而积极主动经营管理公司的热情不高，因为委托人与代理人的目标不同，追求的利益也不一致。股东会获得经理人通过投入人力成本而实现的公司经营利润和业绩的大部分甚至全部，而管理者只能获得相关职位的薪酬。这种利益分配方式使管理者失去积极经营管理公司以获取最大经营利润和业绩的动力，随之股东的利益

第七章　交叉持股网络的风险规避效应

也就得不到保障，从而导致代理问题出现，代理成本也随之产生。事实上，委托代理关系不仅存在于所有者与管理者之间，管理者与员工之间也同样存在。公司治理中的委托代理理论主要是研究委托人与代理人之间的委托代理关系，以及激励和约束机制的问题。

为激励管理层积极提高管理效率，获取经营利润和业绩，公司所有者会采取一定的激励机制，例如，选择赋予经理层一定程度的剩余索取权和控制权，持有部分公司股份，以降低代理成本。但是，如果没有成熟的约束机制，股东作为企业所有者，随时可以收回赋予管理者的剩余索取权和控制权，违背原有的协议或承诺，并不需要付出代价，那么作为代理人的经理层的利益便会遭受损害。因此，经理层不会以实现公司利润最大化为目标，努力提高管理效率，提升公司经营利润和业绩，而是仍然会以减少自身人力投入、获得较高薪酬和社会地位等自身利益最大化为主要目标。也就是说，股东即使赋予经理层剩余索取权与控制权，所实现的激励效应与预想也有一定的差距，无法达到预想效果。

交叉持股网络中的企业，若企业成员中股东在公司绩效提高的情况下，未能遵守和兑现提高管理层薪酬、赋予经理层剩余索取权和控制权的协议或承诺，甚至收回之前赋予管理层的剩余索取权和控制权，以获取更多的企业剩余，则在这种情况下，通过交叉持股建立了相互关系的其他企业股东也会对该公司不遵守协议或承诺的行为实施相同的惩罚。那么，在这场博弈中，公司的经理层则更容易相信和接受股东会遵守协议，认为股东不会失信于经理层的协议。因为股东不遵守协议或承诺会受到该企业股东的其他企业的惩罚。公司间的交叉持股在持股关系企业间建立起一种相互制约的关系，双方相互制衡，同时还可以向网络成员的经理层传递出积极的信号，股东遵守和兑现提高管理层薪酬、赋予经理层剩余索取权和控制权的协议或承诺比较可信。那么，管理层便会积极主动工作，提高管理效率，提升公司的经营绩效，同时保障经理人自身以及股东的权益。因此，公司间建立交叉持股关系，形成相互制约的制度，能够更好地使公司业绩和利润与管理层的薪酬挂钩，使管理层的自身利益与股东利益一致，可以增强经理层的激励效果。

综上所述，上市公司之间通过交叉持股将高管们的个人利益同公司绩效关联起来，使管理层与股东的利益联系起来，促使经理层为了实现自身的利益，积极主动提高公司的业绩和利润。这样就可以降低经理层因为逆向选择

和道德风险而产生的代理成本，从而形成良好的激励机制，可以有效地提升高管层公司治理效果，进而提高公司的治理绩效。

2. 交叉持股会破坏公司原有的内部监督机制

由交叉持股对提升经理层的治理效果可知，公司间的交叉持股制度可以形成一种相互制约机制，为剩余索取权和控制权从股东转移到经理层提供了妥善的制度保障，从而能够维护管理层的自身利益，一定程度上解决了委托代理问题，使管理层的自身利益与股东利益一致，降低了代理成本，实现了管理层激励机制的效果。

但是从另一方面看，公司剩余索取权和控制权转移的制度保障意味着管理层的自身利益和行为得到了保障和维护，可以更好地实施管理者防御，获得公司剩余索取权和控制权，并且降低了股东不遵守协议、损害管理层利益、随意收回剩余索取权和控制权的机会。委托代理关系中，股东通常会委托管理层代替其行使职责和决策来经营和管理公司。在交叉持股制度公司，各成员企业的管理层有可能为了实现个人利益而放弃管理层之间的相互监督权，甚至将表决权交还给对方公司的管理层行使，这意味着交叉持股公司的表决权很有可能掌握在自己公司的管理层手中，这就导致了管理层权力的膨胀，以及谋求自身利益的便利。由此可见，公司之间的交叉持股制度为各成员企业管理层等内部人之间的"串谋"行为提供了滋生土壤。总之，公司间交叉持股制度保障了管理层作为经营者的利益，加强了管理层的地位，但同样会带来负面效应，即可能会引发公司内部人控制现象，尤其是在母、子公司交叉持股时更容易引发这种现象。那么，公司的内部监督机制就会遭受到破坏，公司与股东的利益受到损害。

母、子公司交叉持股关系中，公司内部监督机制受到破坏的情况更为严重。因为在母、子公司中，子公司本身就会受到母公司的直接控制，此时母公司持有子公司的股份实际上是母公司对子公司行使股权，持有母公司本身的股份。此外，母公司持有子公司股份并行使控制权属于母公司的正常股权范畴。通常情况下，股东不会直接对子公司行使股权，而是由母公司的董事会代替其执行某些职责和决策。这些董事会的董事们便能够以此为契机掌握子公司的控制权，虽然子公司对母公司也持有股份，对母公司的决策拥有表决权，但会受到母公司董事会的控制，无法真正行使其表决权。由此产生的结果就是：子公司受母公司董事会的控制，无法对其行使表决权，而行使母公司表决权的实际上是其董事会。因此，子公司对母公司的持股份额直接影响到董事会对母公司的控制程度。当子公司对母公司的持股份额不高而无法形成控制时，母公司董事会的控制权不会很大。当子公司对母公司的持股份额达到一定比例或达到可以控制的程度时，那么母公司的董事会便可以通过控制子公司来行使对母公司的表决权。在这样的局面下，母公司的经营者其实对本公司形成了实质性的控制，可以干涉公司内的决策，包括公司人员的薪酬水平、人事任免等重大事项的决议。最终会形成这样一种局面：公司经营者对公司实现实质性控制，形成内部人控制，股东丧失了公司的最终人事任免权，公司原有的内部监督机制受到破坏。

公司的内部人控制现象会损害企业原有的内部监管机制，进而对公司治理绩效产生不利影响。首先，企业的利润会遭受侵蚀。公司的经营者会以内部人控制为契机为自身谋取利益，以实现个人利益为目标，这与公司利润最大化的目标背道而驰，那么，股东利益便无法得到保障，容易受到损害；其次，由于公司经营者的风险与责任不对等，当经营者可以利用信息优势谋求自身利益时，公司经营者可能会不考虑风险程度而通过大量举债来增加公司投资，扩大企业规模，这样经营者会以损害公司利润为代价赚取好处；最后，公司的内部人控制现象会对公司经营过程中的信息披露等带来不利影响，如公司经营者在对企业进行经营管理的过程中，仅从自身利益出发而导致信息披露不规范、短期行为等现象。以上这些都会对公司的治理绩效带来不同程度的影响。

综上所述，公司之间的交叉持股容易形成公司内部人控制，损害股东利益与公司利润，导致经营者对公司形成实质性控制，公司原有的内部监督机制会遭到破坏，进而对公司的治理绩效带来不利影响。

二、交叉持股对公司财务特征的影响

1. 交叉持股可以实现资金筹措的弹性化

公司之间的交叉持股制度在公司经营方面可以实现联动性，进而促进公司之间在财务方面的联动性。交叉持股公司之间在一定程度上可以灵活地调动资金和筹集资金，实现资金筹措的弹性化，这样既可以拥有一定的资金来源，又可以降低资金转移的成本和财务风险。金融机构作为优质公司，拥有充足的资金，因此与多数其他行业的公司建立了交叉持股关系。其他行业公司与金融机构之间的交叉持股有利于保障企业更容易拥有长期、稳定且成本较低的借款来源,减轻了公司的筹资压力。当然,这对金融机构而言也是有利的,当其交叉持股的公司向其借款时,其对借款企业的授信、监督成本较低;当借款公司破产清算时,金融机构所发生的成本也较低。另外,金融机构可以更容易地掌握借款公司的经营状况,减少了信息不对称现象的发生,从而妥善解决了委托代理问题,有利于企业代理成本和财务危机成本的减少。

2. 交叉持股可以促进公司资产的增值与积累

公司之间的交叉持股制度可以规避股利分配,抑制公司盈余分配,能够保障公司资产的增值与积累。参与交叉持股的公司通常分为单方或双方相互持股两种,在双方相互持股的交叉持股中,双方公司互为对方的股东,如果其中一家持股公司有增加股利分配的要求,那么,作为这家公司股东的另外一家公司也有要求对方公司分配股利的权利。由此看来,要求分配股利对交叉持股关系的双方公司都是不利的。交叉持股的公司通常会采取低红利或不分红利的股利政策。因为股利的分配使持股双方公司都增加了分红压力,不利于企业资产的积累,反而会增加公司持股的个人投资者和其他股东的收入。也就是说,双方公司都不增加股利分配对交叉持股公司来说最有利。这样可以减轻交叉持股公司的分红压力,保证公司留存更多利润,为公司的进一步扩张提供资金支持,以便用于公司的其他项目投资,获取更多收益。

总之,在公司间的交叉持股制度中,公司法人股东会规避股利的分配,所以会维持较低的股利分配水平,从而减少公司利润的分配。公司法人股东更倾向于增加公司的资金积累,会将更多的资金留存于公司内部,以便将其转化为资本的形式继续投入企业,进而促进了公司资产的增值与积累。

三、交叉持股对公司风险规避效应的影响

1. 交叉持股可以增强企业抵御风险的能力

通过交叉持股关系,企业之间相互依存、相互作用,建立了交叉持股网络。网络中的企业成员相互合作,结成战略联盟,在这种联盟关系中,企业可以共享信息和资源,因此合作关系长期而又稳定。企业之间通过交叉持股可以在技术、生产、经营、市场、管理等多方面进行联盟,形成企业间的互

第七章 交叉持股网络的风险规避效应

动效应——经济协同效应。这种协同效应可以提高企业的经济效益和效率，并在联盟后形成优势，实现整体业绩超过先前预期业绩水平，也能够降低公司的经营风险和财务风险，进而增强公司抵御风险的能力。

交叉持股可以通过市场、经营、管理等多种协同类型产生经营协同效应，维持联盟成员之间长期而稳定的合作关系。这种较为稳定的战略结盟关系扩大了企业规模，产生了规模经济效应，企业间彼此共赢的合作关系降低了交易成本，使交叉持股公司取得了获取有形和无形利益的潜在机会，进而提升了公司的经营绩效。在经营投资方面，交叉持股可以使双方公司结为较为稳定的销售联盟，大大降低了供销渠道方面的经营风险。同时，交叉持股可以使双方公司之间形成长期而又稳定的互信合作关系，建立起相互约束的制衡机制，关注企业的长期战略目标，避免公司为获取短期投资收益而忽视或者损害公司发展的长远利益。交叉持股还可以抑制其他企业对公司的恶意收购，而且当有其他企业试图收购公司较为分散的股份时，有交叉持股关系的公司可以共同采取反收购措施，共同抵制第三方公司的收购，有利于稳定公司经营权，维护联盟成员企业的利益。此外，如果交叉持股公司涉及不同产业，可以实现多元化经营，当某一产业遇到冲击或遭受危机时，多元化、差异化经营能够发挥风险分散机制，其他处于不同产业的持股关系公司也可以分担经营风险，将不利影响降至最低。由此可见，交叉持股可以从规模经济和范围经济、稳定的供销渠道、抵制恶意收购以及产业的差异性等多方面来分散公司的经营风险。

交叉持股在公司财务方面也可以产生协同效应。公司之间交叉持股可以建立公司利润的相互补偿机制，当公司的利润和业绩出现一定程度的下滑时，持股关系公司便可以通过交易或其他方式来提高联盟公司的利润，有效分散企业的财务风险。同时，交叉持股网络中的联盟成员间可以形成公司财政缓冲或储备机制，在某一阶段公司资金出现紧张或效益偏低时，出于公司发展的需要，便可以将其变现，一定程度上降低了公司破产的风险。此外，交叉持股网络中的成员具有一定的资金周转优势，当公司需要进行研发、创新或技术改进而没有充足的资金时，这些公司便可以迅速向联盟成员筹集资金，及时进行研发和创新活动，更新技术，推出新产品，以满足市场需要。交叉持股还可以形成公司债务的共同担保效应、现金内部流转效应等方式，有效地降低公司的资本成本。由此可见，公司间交叉持股在财务方面实现的协同效应可以通过建立利润补偿机制、降低资本成本、发挥资金周转优势、提高企业负债能力等多方面来有效地分散公司面临的财务风险。

综上所述,公司之间的交叉持股可以从公司经营风险和公司财务风险两个方面来增强抵御公司风险的能力,有利于为企业营造长期稳定的发展氛围。良好的市场环境可以使企业集中精力专注于发展,稳定的发展氛围是企业良好发展的基础,进而为公司治理绩效的提高奠定了基础。

2. 交叉持股有利于企业形成风险分担机制

公司之间的交叉持股制度可以将企业与几家公司通过持股关系联结起来,形成风险分担的关联体,当其中一方上市公司的经营业绩遭遇风险时,可以比较容易获得交叉持股的其他公司的支持。因此,交叉持股可以在持股关系的公司之间形成风险分担机制,降低外部环境给企业经营造成的风险。

交叉持股制度对公司风险的分担机制主要体现在以下几个方面:

第一,交叉持股公司之间有利于形成联盟,发挥集团优势,稳定公司经营权。一方面,交叉持股能够降低长期合同中的相关风险,还可以规避合同中可能会发生的机会主义行为;另一方面,交叉持股可以有效地抵制恶意收购。因此,交叉持股这种稳定经营权的长期合作关系,有助于公司以更为长远的眼光来进行经营和投资,避免企业谋求短期利益,有利于降低企业风险。

第二,交叉持股有利于公司之间稳定股价,建立护盘机制。当企业的股价发生大幅度下跌时,交叉持股关系的公司便会在股市上回购在外流通的股票。这样有利于提升股票价值,达到护盘的目的。同时,还可以维护企业的市场表现,稳定市场信心,向市场传递公司赢利的信号,直接降低公司风险。

第三,交叉持股有利于企业融资。交叉持股公司倾向于较低的分红和不分红的股利分配政策,留存于公司内部的资金会导致企业资产负债率下降,这样公司更容易进行债务融资;此外,上市公司通过发行新股和配股再融资时,交叉持股公司可以回购发行的新股,买入对方的流通股票,有效地稳定市场,减少流通股股数,对方公司的股价便得到提升。那么,对方公司便可以以更高的价格实现再融资,降低公司融资风险,公司的市场风险也会相应降低。

第四,交叉持股有利于提高公司的经营效率。上市公司之间进行交叉持股,一方面,在一定程度上妥善解决了公司的委托代理问题,降低了公司管理层的道德风险和管理机会主义,可以提高管理者的经营管理效率,避免管理层的无效率行为;另一方面,有利于建立战略联盟,形成共同的经营战略目标,发挥集团优势,形成规模经济和范围经济,实现联盟资源的优化配置,增强公司的整体经济实力,进而有助于降低公司的风险。

通过以上分析,交叉持股效应的体现过程,是上市公司之间的交叉持股对公司治理绩效、公司财务特征和业绩以及公司风险规避能力的影响过程。交叉持股效应的体现在不同公司中具有很大差异,甚至具有正负两面性。正因如此,我国上市公司之间的交叉持股效应如何,在我国证券市场中通过持股关系而建立的交叉持股网络的效应又如何,是一个有待检验的问题。

国内外学者大多从公司治理的研究角度来分析交叉持股的效应,很少从社会网络视角来研究交叉持股的效应。本书以交叉持股网络位置特征为切入点,在交叉持股网络演变分析框架的基础上,进一步研究我国交叉持股网络效应,实证分析公司在交叉持股网络中的位置特征对其抵御风险能力的影响。本研究不仅可以从网络视角进行定量测度,还可以体现交叉持股网络动态演变过程中其对公司抵御风险能力的影响程度。

第二节 交叉持股网络与风险规避效应的关系

公司由于交叉持股形成的上市公司之间的联系而构成公司间网络,被称为上市公司交叉持股网络。其包括两个方面的含义:第一,在关系层面,因公司间持股关系形成的交叉持股行为产生了公司间单向或双向的联系。第二,在网络层面,由公司间单向或双向的持股关系构成了证券市场中上市公司间的网络。每个公司作为一个网络成员镶嵌于交叉持股网络中,都有其特定的网络位置并呈现独特的位置特征。该网络位置特征是网络中上市公司之间建立持股关系的结果,并且是复杂网络,尤其是社会网络分析中的重要指标。通过相关文献可以发现,交叉持股对公司的风险规避效应有重要的影响。Tsai(2001)认为,嵌入网络的企业有利于获取更多的异质信息与知识,这些多元化的信息资源与知识可以促进企业进行创新活动,适应市场需求,增强企业竞争力,进而降低企业经营风险。Zaheer 和 Bell(2005)同样认为,嵌入网络中的企业,尤其处于网络中心位置的企业,因充足的信息资源而更有利于提升竞争力。蒋学跃(2009)通过研究进一步发现,企业的多元化经营可以实现风险分散的目的，但是交叉持股关系中的企业在分散风险方面有更大的优势，因为镶嵌于网络的企业无须支出实际的资金便可实现多元化经营，最为典型的是周期性较强的行业中，企业双方通过换股的方式能够实现各自的多元化经营，以减少行业周期性的影响。

通过现有文献可知，上市公司之间的交叉持股与交叉持股网络的位置特征都可以对企业的风险规避能力产生影响，在微观层面会影响公司在经营管理过程中的选择与行为，在宏观层面会通过公司治理结构影响企业的发展战略和价值。本书研究采取递进的逻辑顺序，在分析了交叉持股网络演化过程、演化动因后，结合国内外相关研究文献以及交叉持股效应的理论分析基础，借助多元回归模型，从交叉持股网络位置的角度，来探讨我国上市公司交叉持股网络对公司风险规避能力的影响。按照这一思路，本章就交叉持股的网络位置对公司风险规避效应的影响提出如下假设。

一、研究假设

1. 交叉持股网络与公司风险规避能力

通过大量文献可以发现，信息获得的及时性、差异性、准确性等是影响公司治理功能发挥的重要约束条件。基于社会网络分析理论，如前面交叉持股网络特征分析所述，本书所探讨的交叉持股网络具有"经纪人"的媒介特征，可以发挥"桥"的作用，享有网络成员之间相互连接而产生的信息传播优势，从而有助于网络中的企业成员建立联盟集团，共享资源和信息，有利于降低公司的风险。Granovetter（1973）认为，集团内部成员间的联系往往非常密切，因此相互之间的信息传播更加便利、快捷，但如果一个集团向其他集团传递信息，通常需要依赖于两集团之间的一位共同成员，这样就可以形成一条信息扩散和吸收的传递渠道，这条相互连接的渠道被称为"桥"，而两集团之间的所依赖的共同成员充当着"经纪人"的角色，在信息传递过程中发挥着不可忽视的作用。由此可知，公司之间通过交叉持股维持长期而又稳定的合作关系，各公司可能还处于不同的行业，因此公司背景和所掌握的信息更加丰富和多元，而产品与经营的多元化、差异化可以降低公司在决策过程中因信息冗余导致的公司市场风险。根据社会网络理论，有很多可以衡量网络位置特征的测度指标，如程度中心性、中介中心性、结构洞等。中心度是衡量网络位置最常用的测度指标，可以评价某个企业成员在网络中的位置

第七章 交叉持股网络的风险规避效应

和角色是否重要,衡量其位置的优越性或特殊性等。上市公司在交叉持股网络中的中心度越高,表明其在网络中的位置越核心,扮演着越重要的角色,可以掌握越丰富的信息和资源。

市场风险是企业发展过程中关注的主要风险,上市公司在证券市场中往往面临着很多不确定性,因此,上市公司的市场风险是变动不定和难以预测的。上市公司的市场风险可能会抑制公司的经营、创新等活动的开展,阻碍公司的成长,进而影响公司价值的实现。公司在风险的不确定性主要来源于三个方面:第一,宏观经济环境的不确定性。公司在经营过程中会受到复杂的宏观经济环境的影响,主要包括通货膨胀、汇率、利率等。第二,公司经营效率的不确定性。公司的绩效、管理者的经营管理效率等存在较大的不确定性。第三,信息不对称性。公司的信息披露如果不能确保准确或完整,也就无法向证券市场传递其有价值的信息,有可能会存在较大的不确定性,影响其他公司的战略决策。降低甚至消除这些市场风险的不确定性有赖于发挥交叉持股网络战略联盟的优势,提高公司价值,以及获取丰富和多元的相关信息。

获取更多的信息以及交叉持股关系公司的支持可以减少公司发展过程中在证券市场上的不确定性,从而降低公司的市场风险。具体而言,处于网络核心位置的上市公司在信息资源、扮演角色等方面具有优越性,从而有效增强其抵御市场风险的能力。在社会网络分析中,网络成员的中心性是测度网络位置的最重要指标。社会网络最早应用于分析个人之间的社会关系及其在网络中所处的位置,随后应用于企业、机构等组织的分析中,研究其在网络中具有怎样的位置。网络位置是评价网络成员是否重要、衡量其职务地位的优越性或特权性以及社会声望等常用的指标,上市公司嵌入网络中的中心性越高,意味着公司处于网络中的位置越核心;反之,交叉持股网络的中心性越低,意味着公司处于网络的位置越边缘。公司在交叉持股网络中处于越核心的位置,一方面说明该企业与网络成员之间存在较多的联系纽带,可以广泛地获取合作各方的资源,实现更广泛的资源结合,提升企业绩效;另一方面,可以与其他合作伙伴之间形成长期稳定的合作关系,强化信任机制,从而可以有效减少成员间机会主义行为的产生,降低交易成本。

综上所述,本书预期,上市公司交叉持股网络的位置越趋于中心,其所掌握的信息资源越丰富和多元,越有利于为公司的经营管理提供建议和服务,

从而增强公司抵御风险的能力，有效地降低风险。基于此，本书提出假设：

假设1（H7-1）：上市公司在交叉持股网络中越处于中心位置，公司抵御风险的能力越强。

2. 交叉持股网络、公司所有权性质与风险规避效应

上市公司的交叉持股网络是镶嵌于广泛的环境中的，包括经济环境、制度环境，这些环境对不同类型的公司会产生不同的影响。中国正处于经济转型期，在此环境下，国有企业和非国有企业并存共同推动着社会经济的发展，然而两者的行为和作用存在差异。国有企业在很大程度上会受政府行为和政策的影响。很多研究均发现，政府会干预上市公司行为尤其是国有上市公司的投资、负债等治理效应。同时，政府强制要求国有企业尤其是中央企业加强内部控制建设，而且国家和政府会对国有企业的发展给予巨大的支持，如贷款、融资等。因此，国有上市公司可以充分借助有利的市场机制进行交易获取资源与信息，增强公司的风险规避效应。对非国有上市公司而言，政府的支持力度不强，在转型经济中处于相对较弱的境地。那么，非国有企业的公司经营者则会利用各种网络关系来获取信息与资源，这属于非正式制度下的交易机制。Peng 和 Luo（2000）认为，在正式制度相对较弱的环境中，非正式制度会发挥重要作用，并对个人或组织行为产生重要影响。企业之间基于社会网络（如交叉持股网络、董事网络）的非正式制度，在法律、合同及其基础上的市场交易等正式制度不完善环境中，可以作为正式制度的补充和替代物，在非国有企业的生存和发展中扮演着更为重要的角色，发挥良好的支持作用。交叉持股网络也可以被视为一种非正式制度，上市公司之间能够通过所建立的持股关系获取资源与信息。而非国有上市公司由于没有受到政府较强的支持，交叉持股网络产生的作用可能更明显。

综上所述，本书预期，交叉持股网络对国有上市公司中的风险规避效应作用更小。基于此，本书提出假设：

假设2（H7-2）：与国有上市公司相比，非国有上市公司在交叉持股网络中越处于中心位置，越能提高公司的风险规避效应。

二、样本选择与数据来源

本书选取涉及交叉持股关系的所有沪深300指数上市公司作为研究对象，本章以2007—2012年度财务报告中的数据为研究基础，通过观察上市公司披露的持股关系信息，研究交叉持股网络演变进程中网络位置对风险规避效应产生的影响，因此本书仅考虑涉及交叉持股关系的上市公司情况。选取2007—2012年沪深两市上市公司发布的信息作为初始样本，分别确定研究期间存在交叉持股关系的样本公司为研究对象，并剔除数据缺失的样本，最终确定本章研究中所涉及的沪深300指数交叉持股公司共计1 229组样本数据。

研究样本涉及的交叉持股关系数据主要来源于2007—2012年上市公司的年度财务报告、国泰安数据库、证券时报网站以及其他公开资料，其余财务指标数据均来自国泰安数据库。地区市场发育程度指标采用樊纲等2011年出版的《中国市场化指数——各地区市场化相对进程2011年报告》。由于该报告的数据仅更新到2009年的指数，因此，市场发育程度指标2007—2009年的数据可获得，但2010—2012年的指数无法获得，参考万良勇和郑小玲（2014）的研究方法，将用2009年数据近似代替。在获取有效数据之后，借助SPSS19.0等统计分析软件对数据进行处理分析。

三、变量设计

本书以定性研究与定量研究相结合的方法，探讨交叉持股网络演化的效应。通过定性研究更加系统地梳理了交叉持股对公司治理绩效、公司财务特征、风险规避效应的影响，为定量研究奠定了基础。定量研究可以更加准确客观地量化交叉持股网络的效应，同时对其定性研究进行验证。

1. 被解释变量

国内外理论研究中关于度量公司市场风险的指标通常有公司收益率的方差指标与公司资产的Beta值指标等方差类风险度量指标，现有文献研究中多数是研究公司财务指标、公司治理因素与公司系统风险Beta值之间的关系，分析公司财务与公司治理对股市风险的影响。如Beaver et al.（1970）、吴世农等（1999）关于上市公司财务指标与公司系统风险关系的研究中，均选取股票Beta值作为上市公司系统风险的反映指标。因此，本书仅从市场价值的角度出发，选择公司股票的Beta值作为研究的被解释变量，即反映公司市场风险的替代变量。尽管Beta值对我国股票市场风险的解释能力并不十分完善，但其在一定程度上可以有效地反映公司的综合市场风险这一特点，为公司市场风险的相关研究提供一定的分析思路。本书用上市公司的综合市场年Beta

值作为公司的综合市场年风险系数（BETA）变量来表征公司市场风险大小。综合市场年风险系数越大，表明公司市场风险越大；系数越小，表明公司市场风险越小。

上市公司 Beta 系数的具体计算方法有两种：

第一种，使用回归直线法。根据线性回归原理，Beta 系数可以通过某一时期内的资产收益率和市场组合收益率的历史数据，建立线性回归方程预测出来。Beta 系数就是所建立的线性回归方程的回归系数，即：

$$\text{Beta} = \frac{n\sum_{i=1}^{n}X_iY_i - \sum_{i=1}^{n}X_i \times \sum_{i=1}^{n}Y_i}{n\sum_{i=1}^{n}X_i^2 - (\sum_{i=1}^{n}X_i)^2} \qquad (7-1)$$

其中，X_i 是指第 i 年的市场收益率，Y_i 是指该公司第 i 年的股票收益率。

第二种，根据公司股票收益率与整个市场收益率标准差的相关系数、该公司股票的收益率标准差、市场收益率的标准差计算。计算公式如下：

$$\text{Beta} = r_{JM}\left(\frac{\sigma_J}{\sigma_M}\right) \qquad (7-2)$$

其中，r_{JM} 代表相关性，σ_J 代表该公司股票的收益率标准差，σ_M 代表市场收益率标准差。

2. 解释变量

在网络分析中，网络中心度可用来反映公司占据网络重要位置的程度和对信息等资源获取与控制的程度。网络中心度的测度指标主要包括：程度中心性、中介中心性和接近中心性。相比之下，使用最为广泛的是程度中心性指标，因此本书选取程度中心性指标来测度公司充当网络中心枢纽的程度。本书将公司与公司之间的持股关系定义为：如果上市公司持有其他公司的股份，那么这两家公司便拥有持股关系，进而形成交叉持股网络，公司在交叉持股网络中的程度中心性则是测度公司在网络中心位置的程度。

参考罗家德（2010）的相关研究，采用以下方法测度网络程度中心性：

$$\text{DEGREE}_i = \frac{\sum \alpha_{ij}}{n-1} \qquad (7-3)$$

其中，i 为某个上市公司；j 为当年除了 i 之外的其他上市公司；DEGREE_i 为公司 i 的程度中心性，用来测度与公司 i 存在交叉持股关系的上市公司数量之和。α_{ij} 表示公司 i 对公司 j 是否存在交叉持股关系，当公司 i 与公司 j 存在交叉持股关系则为 1，否则为 0；n 为交叉持股网络中的上市公司数量。DEGREE$_i$ 值越大，表明上市公司在交叉持股网络中占据越中心的位置；DEGREE$_i$ 值越小，则表明上市公司处于交叉持股网络的边缘。

本书借助常用社会网络分析软件 UCINET 计算得出所有上市公司的交叉持股网络程度中心性指标。

3. **控制变量**

为了更好地拟合实证研究中的模型，需要控制其他因素对被解释变量与解释变量关系造成的影响。因此，本书在参考大量文献的基础上，对其他影响公司风险规避效应的因素进行了必要控制，选取净资产收益率增长率、资产负债率、前十大股东持股比例、综合杠杆、净利润增长率、总资产增长率、所有权性质作为控制变量。它们分别反映了上市公司的发展能力、偿债能力、所有权性质以及公司治理结构变量，从公司财务和公司治理因素两类指标进行控制。此外，还控制了公司的行业和年份因素。本章具体变量的设计与定义如表 7-1 所示。

表 7-1　变量定义表

变量类型	变量名称	变量符号	变量定义
被解释变量	综合市场年风险系数	BETA	衡量上市公司风险的大小
解释变量	程度中心性	DEGREE	上市公司在交叉持股网络中的程度中心性
交互变量		DEGREE × PROPERTY	程度中心性×所有权性质
控制变量	净资产收益率增长率	NAYR	（当年净资产收益率－前一年净资产收益率）/前一年净资产收益率
	资产负债率	LEV	总负债/总资产
	股权结构	TEN	前十大股东持股比例之和
	综合杠杆	COLEV	财务杠杆×经营杠杆
	净利润增长率	NPGR	（当年净利润－前一年净利润）/前一年净利润
	总资产增长率	TAGR	（当年总资产－前一年总资产）/前一年总资产
	所有权性质	PROPERTY	如果上市公司为国有控股，取值为 1，否则为 0
	行业	INDUSTRY	行业虚拟变量，衡量企业所在行业
	年份	YEAR	年度虚拟变量

四、回归模型的建立

根据上述选取的变量,检验假设 H7-1:上市公司在交叉持股网络中越处于中心位置,公司抵御市场风险的能力越强。本书采用线性回归的分析方法,具体模型如 M7-1 所示。

$$BETA = \alpha_0 + \alpha_1 DEGREE + \alpha_2 NAYR + \alpha_3 LEV + \alpha_4 TEN + \alpha_5 COLEV + \\ \alpha_6 NPGR + \alpha_7 TAGR + \alpha_8 PROPERTY + \alpha_9 INDUSTRY + \alpha_{10} YEAR + \varepsilon \quad (M7-1)$$

下面检验假设 H7-2:国有上市公司在交叉持股网络中的风险规避效应较小;非国有上市公司在交叉持股网络中的风险规避效应更明显,其网络中心性越高,越能增强公司的风险抵御能力。本书将引入交叉持股网络中心性与所有权性质变量的交互项,具体模型如 M7-2。

$$BETA = \alpha_0 + \alpha_1 DEGREE + \alpha_2 DEGREE \times PROPERTY + \alpha_3 NAYR + \\ \alpha_4 LEV + \alpha_5 TEN + \alpha_6 COLEV + \alpha_7 NPGR + \alpha_8 TAGR + \\ \alpha_9 PROPERTY + \alpha_{10} INDUSTRY + \alpha_{11} YEAR + \varepsilon \quad (M7-2)$$

五、实证检验

1. 描述性统计分析

通过对回归模型主要变量的数据进行初步分析,各变量的描述性统计分析结果如表 7-2 所示。综合市场年风险系数(BETA)的平均值为 0.960,最大值和最小值分别为 1.456 和 -0.103,相差 1.559,因此从整体上来看,样本公司的市场风险值具有一定程度的波动性,这与证券市场中的实际情况相符。交叉持股网络程度中心性(DEGREE)的平均值为 0.91,最大值和最小值相差 74,意味着交叉持股网络中不同公司所处网络位置的中心性存在较大差异,符合证券市场上市公司持股关系的现实情况。综合杠杆系数(COLEV)的方差为 44.72,说明样本交叉持股公司面临的综合风险存在较大差异。

表 7-2 变量的描述性统计分析

变量	样本数	平均值	方差	最小值	最大值
综合市场年风险系数	1 229	0.960	0.042	-0.103	1.456
程度中心性	1 229	0.91	10.770	0	74
净资产收益率增长率	1 229	0.070	40.272	-152.324	75.743

第七章 交叉持股网络的风险规避效应

续表

变量	样本数	平均值	方差	最小值	最大值
资产负债率	1 229	0.484	0.034	0.007	0.957
股权结构	1 229	0.566	0.025	0.148	0.963
综合杠杆	1 229	3.260	44.772	-129.013	115.433
净利润增长率	1 229	0.599	58.699	-130.703	198.625
总资产增长率	1 229	0.275	0.596	-0.596	23.894

2. 相关性检验

相关性分析是后续交叉持股网络与公司风险规避效应回归分析的基础，相关系数可以将两个变量之间的线性相关性程度量化，数值越大，意味着两变量之间的相关性越大。本部分借助 SPSS19.0 统计分析软件中的皮尔森相关性分析计算出主要变量之间的 Pearson 相关系数及变量的显著性置信水平，以初步验证交叉持股网络位置与公司综合市场年风险系数的关系。主要变量的皮尔森相关性分析结果如表 7-3 所示。

表 7-3 变量的相关系数

		综合市场年风险系数	程度中心性	净资产收益率增长率	资产负债率	股权结构	综合杠杆	净利润增长率	总资产增长率	所有权性质
综合市场年风险系数	Pearson 相关系数	1								
	Sig.（双侧）	0.000								
	样本数	1 229								
程度中心性	Pearson 相关系数	-0.071***	1							
	Sig.（双侧）	0.007	0.000							
	样本数	1 229	1 229							
净资产收益率增长率	Pearson 相关系数	0.016	-0.002	1						
	Sig.（双侧）	0.539	0.954	0.000						
	样本数	1 229	1 229	1 229						
资产负债率	Pearson 相关系数	0.104***	-0.009	-0.005	1					
	Sig.（双侧）	0.000	0.721	0.849	0.000					
	样本数	1 229	1 229	1 229	1 229					

续表

		综合市场年风险系数	程度中心性	净资产收益率增长率	资产负债率	股权结构	综合杠杆	净利润增长率	总资产增长率	所有权性质
股权结构	Pearson 相关系数	-0.279***	0.016	0.022	0.015	1				
	Sig.（双侧）	0.000	0.553	0.406	0.565	0.000				
	样本数	1 229	1 229	1 229	1 229	1 229				
综合杠杆	Pearson 相关系数	0.046*	-0.027	0.014	0.070***	-0.049*	1			
	Sig.（双侧）	0.082	0.298	0.593	0.008	0.063	0.000			
	样本数	1 229	1 229	1 229	1 229	1 229	1 229			
净利润增长率	Pearson 相关系数	-0.017	-0.008	0.206***	0.038	0.026	0.002	1		
	Sig.（双侧）	0.508	0.748	0.000	0.151	0.323	0.927	0.000		
	样本数	1 229	1 229	1 229	1 229	1 229	1 229	1 229		
总资产增长率	Pearson 相关系数	-0.027	-0.003	0.042	0.085***	0.131***	-0.041	0.166***	1	
	Sig.（双侧）	0.298	0.905	0.109	0.001	0.000	0.123	0.000	0.000	
	样本数	1 229	1 229	1 229	1 229	1 229	1 229	1 229	1 229	
所有权性质	Pearson 相关系数	-0.009	0.006	-0.034	0.112	0.100	0.073	-0.023	-0.004	1
	Sig.（双侧）	0.722	0.805	0.202	0.000	0.000	0.006	0.389	0.869	0.000
	样本数	1 229	1 229	1 229	1 229	1 229	1 229	1 229	1 229	1 229

注：***表示t检验在1%水平显著；**表示t检验在5%水平显著；*表示t检验在10%水平显著。

在相关系数分析中，各变量之间的相关系数都比较低，均在0.3以下，说明变量之间不存在严重的多重共线性问题。其中，交叉持股网络位置指标程度中心性与综合市场年风险系数之间的相关系数也比较低，仅为-0.071，说明被解释变量与解释变量之间不存在共线性的关系，并在1%的水平上显著负相关，表明交叉持股网络中心度越高，公司抵御市场风险的能力越强，初步验证了假设H7-1的预期。为进一步确定两者之间的关系，实证检验研究假设，本书根据所建立的回归模型进行了以下回归分析。

3. 交叉持股网络位置与公司风险规避效应的检验结果

企业在交叉持股网络中的程度中心性与公司风险规避效应的检验结果如表7-4所示。本研究中回归方程的方差膨胀因子（VIF）较小，均在1~3，表明回归方程的各变量间不存在多重共线性。模型1为各控制变量对公司综合市场年风险系数影响的多元回归模型,可以发现,净资产收益率增长率、资产负债率与公司综合市场年风险系数显著正相关,而净利润增长率、前十大股东持股比例与公司综合市场年风险系数显著负相关。模型2在模型1基础上加入了中心性指标,运用模型M7-1建立回归,以检验上市公司在交叉持股网络中的中心性对公司风险规避效应的影响。通过模型2的回归结果可知,交叉持股网络程度中心性(DEGREE)的系数为-0.004,与公司综合市场年风险系数负相关,并在0.05水平上显著,意味着上市公司在交叉持股网络中越中心的位置,公司抵御风险的能力越强,网络中心性对公司风险的规避效应越明显,假设H7-1得到证实。

表7-4 交叉持股网络与公司市场风险的回归结果

变量	代码	被解释变量:市场年风险系数(BETA)			
		模型1(全样本)		模型2(全样本)	
		系数	T值	系数	T值
常量	Constant	1.107	32.132***	1.116	32.235***
程度中心性	DEGREE			-0.004	-2.276**
所有权性质	PROPERTY	0.006	0.463	0.007	0.521
净资产收益率增长率	NAYR	0.003	2.141**	0.003	2.193**
资产负债率	LEV	0.122	4.045***	0.121	3.996***
前十大股东持股比例	TEN	-0.369	-10.495***	-0.366	-10.414***
综合杠杆	COLEV	0.001	1.137	0.001	1.065
净利润增长率	NPGR	-0.003	-2.250**	-0.003	-2.288**
总资产增长率	TAGR	0.001	0.094	0.001	0.100
行业	INDUSTRY	控制		控制	
年份	YEAR	控制		控制	
R方	R^2	0.136		0.139	
调整后R方	$Adj-R^2$	0.122		0.124	
VIF		2.386		1.369	
样本数	Observations	1 229		1 229	

注:*** 表示t检验在1%水平显著;** 表示t检验在5%水平显著;* 表示t检验在10%水平显著。

4. 交叉持股网络位置、公司所有权性质与风险规避效应的检验结果

公司所有权性质对网络中心性与风险规避效应之间关系的影响检验结果如表

7-5所示。模型3在模型2基础上增加了网络中心性与所有权性质的交互项，运用模型 M7-2 建立回归，检验所有权性质对公司在网络中的中心性与风险规避效应之间关系的影响，具体检验结果如表7-5中的模型3所示。回归结果显示，网络程度中心性与所有权性质的交互项（DEGREE×PROPERTY）与公司综合市场年风险系数（BETA）负相关，但没有显著的影响（T 值为 -1.138，不显著），意味着对总体样本来说，公司在网络中的中心性与风险规避效应的相关关系不会被公司的所有权性质显著影响，假设 H7-2 未能得到验证。这种结果可能产生的原因是：交叉持股网络给企业带来更多的信息优势，这种信息优势能够作用于公司风险的规避效应，但所有权性质对网络位置与公司风险规避效应之间关系的影响不明显，可能这种作用机理依赖于不同的市场发育水平等公司外部环境。

表7-5 所有权性质和市场中介组织发育程度的影响

变量	代码	被解释变量：市场年风险系数（BETA）					
		模型3（全样本）		模型4（MI=1）		模型5（MI=0）	
		系数	T值	系数	T值	系数	T值
常量	Constant	1.116	32.244***	1.124	25.196***	1.098	18.809***
程度中心性	DEGREE	-0.002	-0.679	-0.021	-2.416**	0.000	-0.118
所有权性质	PROPERTY	0.010	0.765	0.001	0.085	0.004	0.172
交互项	DEGREE × PROPERTY	-0.004	-1.138	0.017	1.915*	-0.005	-1.179
净资产收益率增长率	NAYR	0.003	2.215***	-0.002	-0.452	0.009	2.083**
资产负债率	LEV	0.121	4.002***	0.123	3.115***	0.173	3.585***
前十大股东持股比例	TEN	-0.367	-10.434***	-0.372	-7.731***	-0.357	-6.750***
综合杠杆	COLEV	0.001	1.048	0.002	1.732*	-0.001	-0.947
净利润增长率	NPGR	-0.003	-2.304**	-0.001	-0.356	-0.010	-1.842**
总资产增长率	TAGR	0.001	0.100	-0.032	-1.971**	0.010	1.341
行业	INDUSTRY	控制		控制		控制	
年份	YEAR	控制		控制		控制	
R方	R^2	0.140		0.192		0.153	
调整后R方	$Adj-R^2$	0.124		0.165		0.121	
VIF		1.526		1.736		1.327	
样本数	Observations	1229		656		573	

注：*** 表示 t 检验在 1% 水平显著；** 表示 t 检验在 5% 水平显著；* 表示 t 检验在 10% 水平显著。

第七章　交叉持股网络的风险规避效应

中国资本市场的发展日益成熟，但目前中国正处于经济转型期，正式的市场制度仍不完善，并且我国不同地区的市场中介组织发育程度有较大的差异，发展程度极不平衡，市场中介组织发育程度会对公司治理和公司财务产生重要影响。因此，公司交叉持股网络中心性对风险规避效应的作用机理会受到市场中介组织发育程度的影响。本书在检验了公司所有权性质对网络中心性与风险规避效应关系的影响后，进一步探讨所有权性质对网络位置与公司风险规避效应之间关系的影响是否因市场中介组织的发育程度而有所区别。

为此，本书进一步结合市场发育程度对所有权性质、网络中心性与公司风险规避效应的关系进行研究。其中，地区市场发育程度选取樊纲等（2011）的"市场中介组织的发育指数"作为地区市场发育程度（MI）的替代变量。当市场发育水平较高时（该地区的值高于市场发育指数的中位数时），MI 取值1，否则为0。表7-5 中的模型4、模型5 在模型3 增加交互项（DEGREE × PROPERTY）的基础上，进一步区分了地区市场发育程度（MI）为1 和0 两种情况。

通过回归分析结果显示：在区分不同的地区市场发育水平之后，当上市公司位于市场发育程度较高的地区时，网络中心性对公司的风险规避效应（体现为 DEGREE 的 T 值为 -2.416，显著负相关）在国有上市公司中会被削弱（DEGREE 系数为 -0.021，交互项系数为 0.017）；当上市公司位于市场发育程度较低的地区时，公司所有权性质对网络中心性与公司风险规避效应的影响不明显。表7-5 的检验结果表明，上市公司的所有权性质对交叉持股网络的风险规避效应会因其所在地区的市场发育程度不同而有所差异：从整体上来看，交叉持股网络中心性与公司风险规避效应的关系不会被公司所有权性质显著影响，但在具体区分不同的地区市场发育水平之后可以发现，当上市公司处于市场发育程度较高的地区，交叉持股网络中心性对公司风险的规避效应（体现为 DEGREE 的系数显著负相关）在国有上市公司中会被削弱（DEGREE 的系数为 -0.021，而交互项系数为 0.017）；而在市场发育程度较低的地区，所有权性质对网络中心性与公司风险规避效应的影响并不显著。因此，公司所有权性质对网络中心性与风险规避效应之间关系的影响会因市场中介组织的发育程度而有区别，市场发育程度较高的地区，国有上市公司在交叉持股网络中的风险规避效应会被减弱。

第三节 本章小结

本章通过分析交叉持股上市公司的公司治理、风险规避等效应,围绕交叉持股网络的位置特征对公司市场风险的影响,明确上市公司交叉持股网络位置对风险规避效应的影响,有助于我国证券市场的健康发展。首先,明确公司交叉持股效应的研究基础,分析交叉持股对公司治理绩效、公司财务特征及公司风险规避能力的影响。其次,通过交叉持股网络与公司风险规避效应的关系假设,构建交叉持股网络中心性与公司风险规避效应的关系模型以及交叉持股网络位置、所有权性质与公司风险规避效应关系的回归模型。最后,以我国2007—2012年沪深300指数涉及交叉持股的上市公司为样本,在相关性分析的基础上,应用社会网络分析方法和相关理论,以网络的程度中心性为指标衡量公司的交叉持股网络位置,实证分析了交叉持股网络中心性对公司风险规避效应的影响。主要得到以下研究结论:

第一,通过实证研究交叉持股网络中心性对公司风险规避效应的影响,发现上市公司的网络程度中心性对公司风险规避效应的影响显著负相关,表明公司占据交叉持股网络越中心的位置,公司抵御风险的能力越强,进而越能发挥公司的风险规避效应。

第二,本书检验了交叉持股网络位置与所有权性质对公司风险规避效应的交互影响,发现从整体上看,交叉持股网络中心性与公司风险规避效应的关系不会被公司所有权性质显著影响,但在具体区分不同的地区市场发育水平之后可以发现,公司所有权性质对网络中心性与风险规避效应关系的影响会因市场中介组织的发育程度而有所差异:市场发育程度较高的地区,国有上市公司在交叉持股网络中的风险规避效应会被削弱;而在市场发育程度较低的地区,所有权性质对网络中心性与公司风险规避效应的影响并不显著。

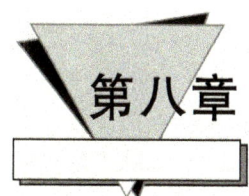

结论与展望

第八章 结论与展望

第一节 研究结论

本书从网络分析的视角入手,以上市公司间的交叉持股关系为基础,通过构建持股关系矩阵,刻画了交叉持股网络的实际演化过程,并采用社会网络和复杂网络中的理论和相关研究方法对我国上市公司交叉持股网络结构的特征、动力因素和效应等进行重新审视。主要研究结论如下:

(1)上市公司交叉持股网络具有明显的社会网络特征。首先,交叉持股公司镶嵌于社会网络中,因此,公司的交叉持股行为既是自主的,同时也受到社会网络的影响,这种嵌入性调和了交叉持股行为的低度社会化和过度社会化。其次,交叉持股网络的弱联结优势更明显,共同被持股公司拥有较多的弱联结关系,所掌握的异质性信息更多,接触的差异性资源更丰富,充当着交叉持股网络之间"桥"的功能。最后,交叉持股网络位于结构洞位置的公司具有信息持有优势和控制优势,能够获得大量非重复性信息,加快异质性信息的传递。

(2)上市公司交叉持股网络结构渐趋复杂,具有明显的小世界特性和无标度特性。首先,网络整体密度不高,呈现先增后减的变化趋势;网络的平均度变化比较平稳;网络的平均路径长度缓慢降低,网络的传输性能和效率有所提升,但公司间交叉持股的集聚程度具有一定的波动性。其次,与具有相同数目节点和边的随机网络进行比较之后,发现交叉持股网络具有较小的路径长度和较大的集聚系数,呈现出明显的小世界特性。最后,上市公司间交叉持股网络的无标度特性越来越明显,具有幂律特征,是一个非均匀网络,有些公司的节点度较大,有些则较小,这些公司对持股网络的稳定性和风险扩散性有着不同的影响。

(3)基于交叉持股关系的区域投资网络结构不断发生变化,小团体现象显著,层级结构明显。首先,我国区域投资网络的小世界效应明显。网络具备较小的平均路径和较大的集聚系数;网络的集聚系数呈现递减规律,区域投资关系呈现均衡发展的趋势。其次,我国区域投资网络的结构渐趋复杂。网络节点的程度中心度有明显的差异,一些区域同时具有较好的集聚作用和辐射作用;一些区域不但吸引外资能力较弱,而且它们还将资金用来投资沿海的发达省份。网络的中间中心度不高且呈下降趋势,网络中节点的控制力

和影响力存在一定的差异性，存在明显的分层。再次，我国区域投资网络的小团体现象显著。子群内经济联系频繁，子群之间互动不明显，但伴随着网络凝聚子群构成的变化，各子群之间、子群内部的密度值明显增大，各子群之间、子群内部联系更加密切和频繁。最后，我国区域投资网络的核心—边缘格局分层明显。核心区内部成员的联系紧密，边缘区内部、边缘区与核心区间的联系较弱。但核心区的投资联系密度正在逐渐减小，边缘区内部、边缘区与核心区投资联系的紧密程度正在不断增强，区域间的经济联系正向均衡方向发展。

(4) 公司战略与财务收益作为交叉持股网络的内部动因，共同驱动着网络结构的形成和演化。首先，本书分析了交叉持股网络演变过程中的驱动因素，得出公司战略与公司财务需要、获取投资收益为主要内部动因的结论，基于此建立了交叉持股网络演化的驱动模式。其次，在上市公司交叉持股网络演化驱动模式框架下，借助社会网络分析方法中的 Moran's I 指数和 Geary's C 指数，分析了交叉持股网络演化内部动力因素的作用机理：交叉持股更倾向于在治理结构相近的公司间形成；公司财务收益越接近的上市公司，交叉持股关系越密切。

(5) 交叉持股网络位置对上市公司的风险规避能力具有一定的影响，并且公司的所有权性质对交叉持股网络的风险规避效应会因其所在地区的市场发育程度不同而有所差异。首先，通过实证研究交叉持股网络中心性对公司风险规避效应的影响，发现上市公司的网络程度中心性对公司风险规避效应的影响显著负相关，表明公司占据交叉持股网络越中心的位置，公司抵御风险的能力越强，进而越能发挥公司的风险规避效应。其次，检验了交叉持股网络位置与所有权性质对公司风险规避效应的交互影响，发现从整体上看，交叉持股网络中心性与公司风险规避效应的关系不会被公司所有权性质显著影响。但在具体区分不同的地区市场发育水平之后可以发现，公司所有权性质对网络中心性与风险规避效应关系的影响会因市场中介组织的发育程度而有所差异：市场发育程度较高的地区，国有上市公司在交叉持股网络中的风险规避效应会被削弱；而在市场发育程度较低的地区，所有权性质对网络中心性与公司风险规避效应的影响并不显著。

第八章 结论与展望

第二节 政策建议

在对我国上市公司交叉持股网络结构与演变的研究基础上,提出完善我国上市公司交叉持股制度、优化发展交叉持股网络的对策建议。第一,提出交叉持股网络的优化发展需要注意的问题;第二,通过规范上市公司交叉持股比例、区分交叉持股的动因,保障交叉持股行为的规范发展;第三,通过上市公司间协同优化和网络预警意识的增强,实现交叉持股网络的稳定优化;第四,通过信息披露机制的完善、实际控制人认定权的加强和中介机构监管的加强,实现网络整体监管力度的加强,保障网络的优化发展。

一、优化交叉持股网络需要注意的问题

目前,我国正处于经济转型期,市场经济发展迅速,市场制度逐渐完善。在这种经济环境中,我国上市公司交叉持股网络的规范发展对企业甚至整个国民经济的发展都具有一定的意义。根据唯物辩证法的观点,任何事物都具有两面性,既有积极的作用,也有负面的影响,而上市公司的交叉持股也是如此。因此,科学合理的应用交叉持股模式,发挥交叉持股网络优势十分必要。同时,需要对交叉持股进行适当管制,如果过于严厉地对交叉持股行为进行规制,有可能会阻碍我国企业的发展,进而影响我国经济的发展;但是,如果过于宽松的进行规制,使其长期处于宽松的监管环境中,任其发展,则极可能导致交叉持股网络演变过程中负面效应的发生,进而不利于我国企业和经济的发展。因此,我们应深入研究交叉持股网络,在合理引导其积极作用的同时,从长远的角度警惕其负面影响,并采取有效防范措施。

结合我国现阶段国情及现代企业制度发展趋势,为优化上市公司产权结构,合理引导交叉持股网络的正面效应,防范和规避其负面影响,维护我国证券市场的健康发展,在完善交叉持股制度、优化交叉持股网络时需要注意以下几方面问题:

(1)营造健康有序的交叉持股网络发展环境。现阶段,我国上市公司间通过交叉持股关系所建立的法人股在公司决策和职能发挥中占有十分重要的地位。为公司的交叉持股行为营造适当的发展环境,如法律环境,对其进行适当的管制和规范,但不应采取过于严格的限定。过于严格的限定不利于上

市公司在市场出现变动时迅速调整公司战略，不利于公司的长远发展和经济目标的实现。而适当的管制和规范，较为宽松的发展环境，可以充分发挥交叉持股网络演变过程中的正面效应，有利于公司间结为战略联盟，共享资源、经营、供应、销售渠道等多方面的合作优势，可以提高资源的合理使用效率，发挥规模经济优势，进而促进现代企业集团的形成和发展，提高公司的竞争力。

(2) 根据交叉持股网络中的不同持股形式，采取区别对待的规制方法。由于在交叉持股网络中的持股形式有所差异，持股比例也不尽相同，上市公司在网络中的位置、扮演角色有很大差异，其产生的效应也会有很大差异。因此，在交叉持股网络演变过程中，对交叉持股进行规范时，应采用发展和演变的视角根据具体情况具体分析。科学合理的规制路径，有利于促进交叉持股上市公司壮大企业实力，实现互补优势，从而可以通过交叉持股增强上市公司战略联盟的凝聚力，实现规模优势，提高市场竞争能力，进而促进交叉持股网络的优化发展，使其逐渐向着更加健康有序的方向发展。

(3) 扩大上市公司的信息披露范围，加强监管力度，同时健全相关配套制度建设。由于公司之间存在信息不对称现象，导致公司经营发展的不确定性，而且交叉持股行为会加深信息的不对称程度，还可能导致公司内部人控制的负面效应，因此，健全交叉持股的法规体系及相关配套制度成为重要问题。健全上市公司信息披露制度可以增强交叉持股网络信息共享，降低经营活动的不确定性，提高公司的经营效率与合作效率。

二、规范上市公司交叉持股行为

1. 规范交叉持股比例范围

证监会等相关监管部门应当根据我国的特殊国情，依据我国现代企业制度的发展，规范上市公司间交叉持股的比例。适当的交叉持股比例既可以消除或降低持股比例过低的一些投机行为，又可以避免公司间持股比例过高而引发的不利影响。这种不利影响主要表现在以下两方面：第一，上市公司的交叉持股会导致公司资本虚增。在交叉持股网络中，公司间的持股关系错综复杂，持有其他公司股份的比例越高，公司资本的虚增额就越大，会影响公司资本的充实。第二，上市公司的交叉持股比例过高很有可能对公司治理结构造成不利影响，限定交叉持股比例可以避免公司管理层通过持股虚增的股权而控制公司的决策和股东会，防止公司形成内部人控制，影响公司的治理绩效。

因此，监管部门需要依据我国国情及公司发展目标，科学合理地规范交叉持股的比例范围，有利于交叉持股网络的稳定有序发展，既可以增强网络中公司间的合作，又可以增强网络抵御市场风险的效应。

2. 对交叉持股的动因区别对待

依据相关文献以及本书交叉持股网络演变的动因分析可知，我国交叉持股网络的内部动因主要包括：公司战略动因和公司财务需要动因。其中，公司战略动因是以公司的长期投资为目的，与此动因相对应的交叉持股行为为战略型交叉持股，持股时间较长，并且上市公司间的行业关联性较强；公司财务需要动因是以公司获取短期投资收益为目的，相对应的交叉持股行为为短期投资型交叉持股，持股时间较短，并且公司之间的行业关联性较弱，甚至不存在行业关联性。

由于交叉持股形成动因不同，进而交叉持股的类型也不尽相同，因此，相关监管部门在进行管制过程中可以根据交叉持股的动因，进行上市公司的区分并区别对待。短期投机型交叉持股的上市公司大多是以获取短期投资收益为目的，持股比例较低，持股时间较短，并且频繁进行持股变动，这种证券市场上的过度投机行为应进行限制。限制短期投机行为有利于压缩金融市场泡沫，维护证券市场的稳定有序及健康发展。长期投资的战略型交叉持股通过结为企业联盟，可以建立长期稳定的合作关系，但同时长期投资的交叉持股也会导致公司资本的虚高，延缓证券市场中股份的流通性，而且存在潜在的金融危机，特别是当这部分长期所持有的股权短时间内大量流向市场时，股价会急剧下降，导致资本市场的混乱。由此可见，长期投资的战略型交叉持股也需要科学合理的规范和限制。一方面，规范交叉持股的时间，同时还可以针对交叉持股股权的流通性及释放等方面出台相关措施。另一方面，可以配合其他相关措施，包括健全交叉持股上市公司的信息披露制度、完善交叉持股上市公司的治理结构，以期规范长期投资的战略型交叉持股，充分发挥交叉持股网络对企业发展的积极推动作用，降低其负面效应。

三、加强上市公司间的协同机制

基于网络观点来研究上市公司之间的交叉持股关系，不同于传统的方法。

在交叉持股网络中，上市公司作为一个节点镶嵌于网络中，交叉持股网络的动因及效应不仅取决于上市公司本身的持股动机和经济后果，还取决于上市公司嵌入的网络及其在网络中的位置特征与所扮演的角色。交叉持股网络中上市公司间的协同发展对整体网络的稳定和演变至关重要。基于此，交叉持股网络实际上是一个共生的整体，可以获取有效的协同效应。

交叉持股网络的优化发展是在保持网络的稳定发展基础上，优化和协调上市公司间的持股行为，使公司间的交叉持股关系和谐发展。同时，上市公司通过交叉持股网络的协同运作，可以实现公司的战略目标。加强上市公司间的协同机制可以从加强上市公司间持股关系的管理和控制，增强上市公司之间的信任以及加强上市公司之间的沟通和反馈等方面进行考虑。

四、提高网络的预警意识

交叉持股网络的优化发展反映了上市公司对网络环境的适应性，公司的效率越高，对网络环境的适应性就越强，交叉持股网络的发展越稳定；公司对网络环境的适应性越差，越会导致交叉持股网络负面效益的产生。公司在追求利润、经营发展的同时，也要有预警意识，增强公司在网络中的适应能力，充分利用网络的正面效应，同时降低负面效应的产生。公司树立风险意识，增强预警能力，可以提高企业在经营过程中抵御风险的能力，促进交叉持股网络的稳定、优化发展。

交叉持股网络作为一种非正式制度，由公司间的持股关系而构建的网络模式对个体及组织行为也存在重要影响。在交叉持股网络的演变过程中，会遇到网络内部和外部环境的经营风险。由此可知，交叉持股网络应该增强危机意识，构建科学合理的预警机制，以保障交叉持股网络的优化发展，并增强其稳定性，实现网络的正面效应。

五、增强监管力度

我国对上市公司行使监督权的机构主要是证监会，上市公司的交叉持股行为主要受其监督、规范和管制。其中，主要包括：证监会对上市公司的信息披露情况进行监督，对会计师事务所等相关中介机构的规范和监督，对上市公司最终控制人或实际控制人的认定和规范，对上市公司通过交叉持股而形成的关联方交易加强监察。

第八章 结论与展望

1. 完善上市公司信息披露机制

上市公司应当扩大信息披露范围，进行充分披露。目前我国上市公司主要披露的信息内容包括：对其他上市公司的持股情况和证券投资情况，对非上市金融公司和拟上市公司的参股情况等。由此可见，证监会等相关部门对上市公司的信息披露要求不够详尽，信息披露的充分要求不明确，并且缺乏强制力，会直接导致上市公司在对交叉持股的信息进行披露的时候，披露程度不够充分，具体要求也不一致。例如，上海证券交易所和深圳证券交易所的上市公司交叉持股情况的披露内容就不统一，具体内容也不充分，披露的格式也不一样，这会导致上市公司交叉持股的相关信息缺乏可比性，直接影响投资者对上市公司交叉持股的情况判断，不利于广大投资者的投资决策。上市公司的交叉持股会带来一定的负面效应，例如，公司资本虚增、股价操纵、内幕交易、关联交易等，因此，交叉持股的信息披露情况对相关投资者利益来讲非常必要，否则广大股东和债权人的利益无法得到保护。

证监会等相关监督部门应进一步完善上市公司信息披露制度，要求上市公司遵循充分披露原则，扩大披露范围。上市公司年度财务报告中应当单独披露交叉持股的相关信息，其中包括：交叉持股公司的名称，相互持股的持续时间、持股比例以及变动情况，持股公司之间的主要业务往来、持股前后和持股比例变动前后对股价变动的影响程度，以及持股公司之间的利润分配情况、分配额度和方法等。同时，证监会等相关监管部门还可以发挥行政监督权力，行使调查权，并对违反披露制度的公司进行严格的处理。交叉持股披露制度的规范和执行可以在一定程度上维护广大股东和债权人的利益，保护投资人的权利。

2. 加强实际控制人认定权

上市公司间通过交叉持股关系联结形成复杂的网状结构，不仅局限于两公司之间的直接交叉持股，还包含一家上市公司通过其他公司间接持有多家公司的股份。这种更深层的持股关系也会对公司产生重大影响，并且对上市公司实际控制人的认定更有难度。

现阶段，我国依据上市公司股份表决权的多少来判别其实际控制人，尽管这种实际控制人的认定标准在通常情况下具有合理性，但是现实中不仅存在着深层次的持股关系，还存在着一些股份表决权控制以外的特殊情况，例如，两家或多家公司的共同控制、通过合约控制、通过财务经营权控制，甚

至还存在通过影响力控制等情况。因此，在交叉持股网络中实际控制人的认定会有一定难度，且容易造成误差。

证监会等相关监管部门应当继续加强对实际控制人的认定权，明确上市公司实际控制人，维护利益相关者的利益，加强制定实际控制人认定的标准，并增强监管力度。

3. 加强对中介机构的监管力度

证监会等上市公司监管部门应加强对中介机构的监督和管制，制定相应制度或采取相应措施规范中介机构的业务，避免会计师事务所等这些中介机构成为上市公司串谋舞弊的土壤。近年来，随着上市公司舞弊案件的发生和揭露，中介机构的监管问题日益受到关注。

证监会应当加大对会计师事务所和责任注册会计师的监督力度，避免中介机构与上市公司进行串谋舞弊，防止相关中介机构协助或纵容上市公司瞒报或披露虚假会计信息，并制定相应的规范措施；对违反规范的中介机构，应当根据具体违反情节制定不同程度的处罚：撤销从业资格、罚款，严重者直接追究刑事责任等严厉处罚措施；制定规范的资产评估程序，建立公司综合业绩评价体系，并在评估过程中严格遵循，保证客观全面地反映公司绩效和资产；制定规范，要求公司的会计人员、律师等遵守职业道德，并对违反规范的行为根据具体情节制定相应的惩罚措施。

第三节　研究展望

将社会网络和复杂网络的理论与研究方法应用于公司治理领域是一个较新的视角且具有一定难度，本书关于交叉持股网络结构及其演化方面的相关分析属于一种探索性的研究。虽然本书做了较为全面的分析，所取得的研究结论也可以在一定程度上阐述和解释现实上市公司交叉持股关系存在的规律和机理，对如何将研究成果应用于交叉持股网络的优化发展中进行了探讨，有助于实际问题的解决，但仍有很多局限性。由于我国交叉持股现象出现较晚，交叉持股网络的研究尚处于初步阶段，相关研究还不够丰富，甚至国内外学者对其概念、作用等基本内涵的界定尚未有统一的标准，本书也只是提出了自己的见解。限于既有的研究基础、知识背景及时间等，一些问题未能考虑全面，因此仍留有继续研究的空间。

第八章 结论与展望

（1）交叉持股网络特征研究中，本书构建了无权有向的交叉持股网络，刻画了上市公司间持股关系的方向，虽然通过研究得出有益的结论，但可能忽视了网络中上市公司间的持股关系强度，为未来留下了继续研究的空间。后续进一步研究中，可以考虑交叉持股网络关系强度，通过权重来表示关系联结的强度，以期更加完善地研究交叉持股网络的结构特征。

（2）由于数据获取有限，本书在对交叉持股网络构建与演变的研究中，将上市公司交叉持股的样本界定于沪深300指数上市公司范围内，刻画了交叉持股网络结构及演变过程。但是，所构建的交叉持股网络未能包含我国全部交叉持股上市公司，因此网络内的节点相对较少，网络的持股关系相对较简单，为未来留下了继续研究的空间。后续的进一步研究中，可以考虑扩大研究范围和研究时间，涉及相对更加全面的上市公司的不同阶段的交叉持股关系，甚至可以包括未上市的公司，以期可以获得更加系统完整的交叉持股网络结构和网络的演变阶段。

（3）在交叉持股网络的动因作用机理研究中，本书仅将公司战略动因与财务需要动因作为重要内部动因进行研究，通过点—关系混合层次假设检验，运用Moran's I指数和Geary's C指数检验了各动力因素与交叉持股网络的相关关系，取得了有价值的结论。但是，本书忽略了影响上市公司交叉持股网络的其他因素，如经济环境、产业分工体系等，为未来留下了继续研究的空间。后续的进一步研究中，可以考虑将政策因素、经济环境因素等其他动力因素引入研究中，建立多维的动因作用模型，以期更加系统、多方位地研究交叉持股网络形成和演变的动因作用机理。

参考文献

[1]白重恩,刘俏,陆洲,宋敏,张俊喜.中国上市公司治理结构的实证研究[J].经济研究,2005(2).

[2]边燕杰,丘海雄.企业的社会资本及其功效[J].中国社会科学,2000(2).

[3]蔡涵,姜锦虎,郭洪海.协作商务中基于BA无标度网络的核心企业自组织性解释[J].科技进步与对策,2008(1).

[4]曹廷求,杨秀丽,孙宇光.股权结构和公司绩效的度量方法和内生性[J].经济研究,2007(10).

[5]常晓红,杨松令,刘亭立.上市公司交叉持股网络的拓扑性质与聚类结构研究[J].管理现代化,2014(4).

[6]陈德萍,陈永圣.股权集中度、股权制衡度与公司绩效关系研究[J].会计研究,2011(1).

[7]陈国进,马长峰.金融危机传染的网络理论研究述评[J].经济学动态,2010(2).

[8]陈花.基于复杂网络的股票之间有向相关性研究[D].北京:北京邮电大学,2012.

[9]陈洁,许田,何大韧.中国电力网的复杂网络共性[N].科技导报,2004(4).

[10]陈文成.金融控股公司与附属金融机构交叉持股问题研究[J].上海金融,2010(4).

[11]陈永洲.城市公交巴士网络的随机组织演化机制研究[J].预测,2008(2).

[12]陈运森,谢德仁.董事网络、独立董事治理与高管激励[J].金融研究,2012(2).

[13]陈晓,江东.股权多元化、公司业绩与行业竞争性[J].经济研究,2000(8).

[14]陈小悦,徐晓东.股权结构、公司绩效与投资者利益保护[J].经济研究,2001(11).

[15]程仲鸣,夏新平,余明桂.政府干预、金字塔结构与地方国有上市公司投资[J].管理世界,2008(9).

[16]储一昀,王伟志.我国第一起交互持股案例引发的思考[J].管理世界,2001(5).

[17]储一昀.交叉持股问题的文献综述及研究展望[J].上海立信会计学院学报,2007(11).

[18]褚静静.上市公司交叉持股会计信息分析之我见[J].财会月刊,2010(6).

[19]邓丹,李南,田惠敏.基于小世界网络的NPD团队交流网络分析[J].研究与发展管理,2005(4).

[20]邓建平,曾勇.金融关联能否缓解民营企业的融资约束[J].金融研究,2011(8).

[21]董麓,肖红叶.上市公司股权结构与公司业绩关系的实证分析[J].统计研究,2001(11).

[22]樊纲,王小鲁,朱恒鹏.中国市场化指数——各地区市场化相对进程2011年报告[M].北京:经济科学出版社,2011.

[23]樊琪,索丽娜,沈晓松,胡延庆.复杂网络视角下的NYSE市场投资结构特性研究[J].北京师范大学学报(自然科学版),2008(44).

[24]方军雄.政府干预、所有权性质与企业并购[J].管理世界,2008(9).

[25]方明,裴慧惠.交通行业上市公司股权结构与经营业绩的相关性研究[J].统计与决策,2007(12).

[26]冯根福,刘志勇,王新霞.股权分置改革、产权属性、竞争环境与公司绩效——来自2005—2007年中国上市公司的证据[J].当代经济科学,2008(5).

[27]高明华.中国企业经营者行为内部制衡与经营绩效的相关性分析——以上市公司为例[J].南开管理评论,2001(5).

[28]郭葆春,柯浔.金融业交叉持股动因与路径及其效应[J].管理现代化,2012(6).

[29]韩会然,焦华富,李俊峰,王荣荣.皖江城市带空间经济联系变化特征的网络分析及机理研究[J].经济地理,2011(3).

[30]后锐,杨建梅,姚灿中.全球产业重组与转移:基于跨国并购复杂网络的分析方法[J].系统管理学报,2010(19).

[31]黄健,周德群.交叉持股解决企业不合理多元化问题[J].江苏商论,2005(8).

[32]黄玮强,姚爽,庄新田.上证指数和交易量波动的网络动力学模型[J].东北大学学报(自然科学版),2010(31).

[33]黄玮强,庄新田,姚爽.中国股票关联网络拓扑性质与聚类结构分析[J].管理科学,2008(21).

[34]江可申,田颖杰.动态企业联盟的小世界网络模型[J].世界经济研究,2002(5).

[35]江涛,谭建.改进的BA无标度网络模型在企业集群中的应用[J].科技进步与对策,2009(1).

[36]姜巍,高卫东,张敏.中国煤炭资源铁路流通网络结构特征及其演变[J].经济地理,2013(1).

[37]蒋学跃.上市公司交叉持股的法律规制研究[R].深圳:深圳证券交易所综合研究所,2009.

[38]李备友.基于复杂网络的证券市场传闻扩散与羊群行为演化研究[D].南京:南京航空航天大学,2011.

[39]李金华.网络研究三部曲:图论、社会网络分析与复杂网络理论[J].华南师范大学学报(社会科学版),2009(2).

[40]李金华,孙东川.创新网络的演化模型[J].科学学研究,2006(24).

[41]李进,马军海.交叉持股行为的复杂性研究[J].北京理工大学学报(社会科学版),2009(8).

[42]李棚,陈爱成.互相持股:基于环形持股模型理论研究[J].合作经济与科技,2012(4).

[43]李平,汪秉宏.证券指数的网络动力学模型[J].系统工程,2006(3).

[44]李青原,刘志成.公司交叉持股的战略动因研究[N].证券市场导报,2010(1).

[45]李晓春.交叉持股下公司治理的困境及出路[J].暨南学报(哲学社会科学版),2013(4).

[46]李玉翠,张协奎,张嫒.我国上市公司交叉持股对公司价值影响的实证

研究[J].中国管理科学,2009(17)(专辑).

[47]刘成彦,陈炜.后股权分置时代上市公司大股东交易行为研究[N].证券市场导报,2006(10).

[48]刘国亮,王加胜.上市公司股权结构、激励制度及绩效的实证研究[J].经济理论与经济管理,2000(5).

[49]刘军.整体网分析讲义——UCINET软件应用[M].上海:上海人民出版社,2009.

[50]刘涛,陈忠,陈晓荣.复杂网络理论及其应用研究概述[J].系统工程,2005(6).

[51]刘晓霞,王卫华.上海证券市场股票网络的复杂网络特性研究[J].武汉理工大学学报,2012(10).

[52]刘星,安灵.大股东控制、政府控制层级与公司价值创造[J].会计研究,2010年是第1).

[53]刘耀淞,张敏.交叉持股与企业股票市场风险——来自我国上市公司的经验证据[J].清华大学学报(自然科学版),2013(53).

[54]吕金虎.复杂动力网络的数学模型与同步准则[J].系统工程理论与实践,2004(4).

[55]吕康娟,王娟.长三角城市群网络化发展研究[J].中国软科学,2011(3).

[56]罗家德.社会网分析讲义[M].北京:社会科学文献出版社,2010.

[57]马兵,邱魏魏.交叉持股国内外研究综述[J].价值工程,2008(9).

[58]马兵.我国上市公司交叉持股对企业价值影响研究[D].济南:山东大学,2009;7.

[59]马丽莎,王建琼,董大勇,钟勇.交叉持股关系影响股价联动吗[J].财贸经济,2014(4).

[60]马龙.上市公司交叉持股对证券市场的影响分析[J].河北经贸大学学报,2008(9).

[61]马源源,庄新田,李凌轩.基于上市公司交叉持股网络的区域发展政策成效[J].系统管理学报,2011(20).

[62]南颖,周瑞娜,李银河,倪晓娇.图们江地区城市社会网络空间结构研究[J].地理与地理信息科学,2011(11).

[63]诺克,杨松.社会网络分析[M].2版.上海:上海人民出版社,2012.

[64]庞德良.论日本法人相互持股制度与公司治理结构[J].世界经济,1998(12).

[65]裴桂芬,赵翠.日本与德国交叉持股模式的演变及其影响[J].日本学刊,2012(3).

[66]皮毅.公司治理、资本结构与公司价值的实证研究[J].当代经济科学,2004(5).

[67]钱锡红,杨永福,徐万里.企业网络位置、吸收能力与创新绩效:一个交互效应模型[J].管理世界,2010(5).

[68]秦俊,唐鹏程.上市公司交叉持股对其主营业务盈利能力的影响[J].统计与决策,2009(8).

[69]冉明东.论企业交叉持股的"双刃剑效应":基于公司治理框架的案例研究[J].会计研究,2011(5).

[70]冉明东.中国上市公司交叉持股的效应:财务特征与业绩[J].中南财经政法大学学报,2011(6).

[71]饶育蕾,彭叠峰,贾文静.交叉持股是否导致收益的可预测性?——基于有限注意的视角[J].系统工程理论与实践,2013(7).

[72]沙浩伟,曾勇.交叉持股、网络位置与公司绩效的实证研究[J].管理科学,2014(27).

[73]沈懿珍.基于协同智能的蛋白质相互作用及其网络研究[D].上海:东华大学,2011.

[74]宋马林,贾韩梅,吴元升.工业园区生态化改造的节点选择:基于复杂网络的视角[J].经济学动态,2011(8).

[75]宋伟,李秀伟.基于航空客流的中国城市层级结构分析[J].地理研究,2008(4).

[76]隋聪,迟国泰,王宗尧.网络结构与银行系统性风险[J].管理科学学报,2014(4).

[77]孙晓辉.股票市场风险的实证分析[J].吉林华侨外国语学院学报,2007(1).

[78]孙耀吾,卫英平.基于复杂网络的高技术企业联盟知识扩散AIDA模型与实证研究[J].中国软科学,2011(3).

[79]谭跃进,吴俊.网络结构熵及其在非标度网络中的应用[J].系统工程理论与实践,2004(6).

[80]汤黎明,魏冀明,赵渺希.区域旅游线路的复杂网络特征——以福建省为例[J].旅游学刊,2014(6).

[81]万良勇,郑小玲.董事网络的结构洞特征与公司并购[J].会计研究,2014(5).

[82]王波,柯红红,蒋天发.基于复杂网络理论的杭州公交网络建模与特征分析[J].武汉大学学报(工学版),2011(44).

[83]王存睿,蒙宇,马艳准,闫帅.中国A股交叉持股复杂网络结构分析[J].大连民族学院学报,2012(1).

[84]王凤荣,成倩,张珊.信用风险转移对金融稳定性的影响机理[J].经济管理,2012(4).

[85]王浩宇,孙启明.京津冀区域关键产业识别与比较研究——基于复杂网络模型[J].华东经济管理,2016(12).

[86]王静,孔令江,刘慕仁.小世界网络上的手机短信息传播模型[J].广西师范大学学报,2006(3).

[87]王明涛,黎金龙.上市公司因素与股票市场风险关系实证研究[J].财经研究,2006(11).

[88]王瑞华.相互持股问题研究[J].中央财经大学学报,2003(2).

[89]王新霞,刘志勇,孙婷.股权分置改革对股权结构与公司绩效关系变迁的影响机理及实证分析[J].上海经济研究,2011(2).

[90]王雪飞.我国上市公司交叉持股与经营绩效问题研究[D].沈阳:沈阳工业大学,2008.

[91]魏明海,刘建华.国企分红、治理因素与过度投资[J].管理世界,2007(4).

[92]魏明海,程敏英,郑国坚.从股权结构到股东关系[J].会计研究,2011(1).

[93]吴世农,冉孟顺,肖珙,李稚莉.我国上市公司系统风险与会计变量之间关系的实证研究[J].会计研究,1999(12).

[94]肖欣荣,刘健,赵海健.机构投资者行为的传染——基于投资者网络视角[J].管理世界,2012(12).

[95]许振明.企业交叉持股与改善之道[J].证交资料,1999(452).

[96]宣兆凯.社会测量法[J].社会科学战线,1983(1).

[97]杨波,陈忠,段文奇.基于个体选择的小世界网络结构演化[J].系统工程,2004(12).

[98]杨华军,胡奕明.制度环境与自由现金流的过度投资[J].管理世界,2007(9).

[99]杨松令,常晓红,刘亭立.基于上市公司交叉持股的区域投资网络特征研究[J].管理现代化,2014(3).

[100]伊戈尔.安索夫.战略管理[M].北京:机械工业出版社,2010.

[101]于东智.股权结构、治理效率与公司绩效[J].中国工业经济,2001(5).

[102]喻小萍.相互持股对上市公司盈利影响的实证研究[D].武汉:武汉理工大学,2008.

[103]张宝林,潘焕学.影子银行与房地产泡沫:诱发系统性金融风险之源[J].现代财经(天津财经大学学报),2013(11).

[104]张保华,王仑.论交叉持股的危害及其规范取向[J].新疆社会科学,2007(3).

[105]张广胜,刘伟.基于复杂网络理论的物流服务供应链网络脆弱性机理研究[J].商业经济与管理,2016(12).

[106]张汉江,宫旭,廖家旭.线性需求供应链中企业交叉持股的定价和绩效变化研究[J].中国管理科学,2010(12).

[107]张红军.中国上市公司股权结构与公司绩效的理论及实证分析[J].经济科学,2000(4).

[108]张庆亮,孙景同.我国产融结合有效性的企业绩效分析[J].中国工业经济,2007(7).

[109]张维,武自强,张永杰.基于复杂金融系统视角的计算实验金融:进展与展望[J].管理科学学报,2013(16).

[110]章忠志.复杂网络的演化模型研究[D].大连:大连理工大学,2006.

[111]张宗益,宋增基.上市公司股权结构与公司绩效实证研究[J].数量经济技术经济研究,2003(1).

[112]赵翠.我国上市公司交叉持股的现状分析及启示[J].河北经贸大学

学报,2012(33).

[113]智宝月,毕颖.公司交叉持股及其法律规制[J].管理世界,2009(9).

[114]周辉.流言传播的小世界网络特性研究[J].武汉科技学院学报,2005(1).

[115]周龙杰.论公司相互持股与公司治理结构[J].长春理工大学学报,2005(18).

[116]祝继高.银行与企业交叉持股的理论与依据[J].国际金融研究,2012(2).

[117]朱武样,宋勇.股权结构与企业价值——对家电行业上市实证分析[J].经济研究,2001(12).

[118]朱志.基于复杂网络传播动力学的谣言传播研究[J].东南传播,2009(12).

[119]庄新田,闵志锋,陈师阳.上海证券市场的复杂网络特性分析[J].东北大学学报,2007(7).

[120] Adams, R. B., Ferreira, D. A Theory of Friendly Boards[J]. The Journal of Finance, Vol. 62, No. 1, 2007.

[121] Aiello W., Chung F., Lu L. A random Graph Model for Massive Graphs. In Proceedings of the 32nd annual ACM Symposium on Theory of Computing, 2000.

[122] Al – Mannai W., Lewis T. Minimizing Network Risk with Application to Critical Infrastructure Protection[J]. *Warfare*, Vol. 6, No. 2, 2007.

[123] Almeida H., Yong P. S., Subrahmanyam M. G., Wolfenzon D. The Structure and Formation of Business Groups: Evidence form Korean Chaebols[J]. *Journal of Financial Economics*, Vol. 99, No. 2, 2010.

[124] Amundsen E. S., Bergman L. Will Cross – Ownership Reestablish Market Power in the Nordic Power Market? [J]. *Energy Journal*, Vol. 23, No. 2, 2002.

[125] Anand K., Gai P., Kapadia S. A Network Model of Financial System Resilience[J]. *Journal of Economic Behavior and Organization*, Vol. 85, No. 1, 2013.

[126] Anderson R. C., Duru A., Reeb D. M. Founders, Heirs, and

Corporate Opacity in the United States[J]. *Journal of Financial Economics*, Vol. 92, 2009.

[127] Ang J., Constand R. The Portfolio Behavior of Japanese Corporation Stable Shareholders[J]. *Journal of Multinational Financial Management*, Vol. 12, No. 2, 2002.

[128] Angeles M. S., Marian B. Topology of the World Trade Web[J]. *Physical Review E*, Vol. 68, 2003.

[129] Arora N, Narayanan B, Samit P. Financial Influences and Scale-free Networks[J]. Computational Science - ICCS 2006.

[130] Barabási A. L., Albert R., Jeong H. Mean-field Theory for Scale-free Random Networks[J]. *Physica A*, Vol. 272, 1999.

[131] Barabási A. L., Albert R., Jeong H. Scale-free Characteristics of Random Networks: the Topology of the World Wide Web[J]. *Physica A: Statistical Mechanics and its Applications*, Vol. 281, 2000.

[132] Barnes J. A Class and Committees in a Norwegian Island Parish[J]. *Human Relation*, 1954.

[133] Barrt A., Barthelemy M., Pastro Satorras R. et al. The Architecture of Complex Weighted Networks[J]. *Proceedings of the National Academy of Sciences*, Vol. 101, 2004.

[134] Battiston, S., Rodrigues, J. F., Zeytinoglu, H. The Network of Inter-Regional Direct Investment Stocks across Europe[J]. *Advances in Complex Systems*, Vol. 10, No. 1, 2005.

[135] Beaver, W. H., Kettler P., Scholes M. The Association between Market-Determined and Accounting-Determined Risk Measures[J]. *The Accounting Review*, Vol. 45, No. 4, 1970.

[136] Bemotas D. Ownership Structure and Firm Profitability in the Japanese Keiretsu[J]. *Journal of Asian Economics*, Vol. 16, No. 3, 2005.

[137] Berglof, Perotti. The Governance Structure of the Japanse Financial Keiretsu[J]. *Journal of Economics*, Vol. 36, No. 2, 1994.

[138] Berle A, Means G. The Modern Corporation and Private Property [M]. New York: Macmillan, 1932.

[139] Boehmer E. Business Groups, Bank Control, and Large Shareholders: An Analysis of German Takeovers[J]. *Journal of Financial Intermediation*, Vol. 9, No. 2, 2000.

[140] Boginski V, Butenko S, Pardalos P M. Mining Market Data: A Network Approach[J]. *Computers & Operations Research*, Vol. 33, No. 11, 2006.

[141] Boginski V, Butenko S, Pardalos P M. On Structural Properties of the Market Graph[J]. *Innovations in Financial and Economic Networks*, No. 7, 2003.

[142] Boginski V, Butenko S, Pardalos P M. Statistical Analysis of Financial Networks[J]. *Computational Statistics and Data Analysis*, Vol. 48, No. 2, 2005.

[143] Boguna M., Pastor – Satorras R. Diaz – Guilera A., et al. Models of Social Networks based on Social Distance Attachment[J]. *Physical Review E*, Vol. 70, 2004.

[144] Bollobás B., Riordan O. *Mathematical Results on Scale – free Random Graphs*[M]. Berlin: Handbook of Graphs and Networks: From the Genome to the Internet, 2005.

[145] Bonarmo G, Caldarelli G, Lillo F. Networks of Equities in Financial Markets[J]. *The European Physical Journal*, Vol. 38, No. 2, 2004.

[146] Boubakri N., J. Cosset, O. Guedhami Post Privatization Corporate Governance: The Role of Ownership Structure and Investor Protection[J]. *Journal of Financial Economics*, Vol. 76, 2005.

[147] Burt, R. S. *Structural Holes: The Social Structure of Competition*[M]. Cambridge: Harvard University Press, 1992.

[148] Cancho R. F., Sole R. V. The Small World of Human Language[J]. *Proceedings of the Royal Society*, Vol. 268, No. 1482, 2001.

[149] Charamilind C, Kali, R., Wiwattanakantang Y. Connected Lending: Thailand before the Financial Crisis [J]. *Journal of Business*, Vol. 79, No. 1, 2006.

[150] Chi K T, Liu J, Francis C M L. A Network Perspective of the Stock Market[J]. *Journal of Empirical Finance*, Vol. 17, No. 4, 2010.

[151] Clayton M. J., Jorgensen B. N. Optimal Cross Holding with Externalities and Strategic Interactions [J]. *Journal of Business*, Vol. 78, No.

4, 2005.

[152] Coles, J. L., Daniel, N. D., Naveen, L. Board: Does One Size Fit All? [J]. *Journal of Financial Economics*, Vol. 87, No. 2, 2008.

[153] Costa L. da. F., Rodrigues F. A. Travieso G., Boas P. R. V. Characterization of Complex Networks: A Survey of Measurements[J]. *Advances in Physics*, Vol. 56, No. 1, 2007.

[154] Davern M. Social Networks and Economic Sociology: A Proposed Research Agenda for a More Complete Social Science[J]. *American Journal of Economics and Sociology*, Vol. 56, No. 3, 1997.

[155] Demsetz H., Lehn K. The Structure of Corporate Ownership: Causes and Consequences[J]. *Journal of Political Economy*, Vol. 93, 1985.

[156] Demsetz H, Villalonga B. Ownership Structure and Corporate Performance[J]. *Journal of Corporate Finance*, Vol. 7, 2001.

[157] Duchin R., Matsusaka J. G., Ozbas O. When is Outside Directors Effective? [J]. *Journal of Financial Economics*, Vol. 96, No. 2, 2010.

[158] Eirik S. Amundsen, Lars B. Will Cross – ownership Re – establish Market Power in the Nordic Power Market? [J]. *Energy Journal*, Vol. 23, No. 2, 2002.

[159] Fahlenbrach R., Stulz R. M. Managerial Ownership Dynamics and Firm Value[J]. *Journal of Financial Economics*, Vol. 92, 2009.

[160] Flath D. The Keiretsu Puzzle [J]. *Journal of the Japanese and International Economies*, Vol. 10, No. 2, 1996.

[161] Friedmann J. The Spatial Organization of Power in the Development of Urban Systems[J]. *Development and Change*, Vol. 4, No. 3, 1973.

[162] Gilson R., Roe M. Understanding the Japanese Keiretsu Overlaps between Corporate Governance and Industrial Organization [J]. *The Yale Law Journal*, Vol. 102, No. 2, 1993.

[163] Granovetter M. Economic Action and Social Structure: The Problem of Embeddedness[J]. *American Journal of Sociology*, Vol. 91, No. 3, 1985.

[164] Granovetter M. The strength of weak ties[J]. *American Journal of Sociology*, Vol. 78, No. 6, 1973.

[165] Gulati R. Network Location and Learning: The Influence of Network Resources and Firm Capabilities on Alliance Formation[J]. *Strategic Management Journal*, Vol. 20, No.5, 1999.

[166] Hellmann T. Building Relationships Early: Banks in Venture Capital [J]. *The Review of Financial Studies*. Vol. 21, No.2, 2008.

[167] Hiroshi O. Interoperate Shareholdings and Corporate Control in the Japanese Firm[J]. *Journal of Banking and Finance*, Vol. 20, No.6, 1996.

[168] Huang Z H, Lu J, Sun H P, Hu J F, Song Y. Sticky Factors in the Industrial Relocation of a Cluster: A Case Study of Zhili Children's Garments Cluster in China[J]. *The Social Science Journal*, Vol. 48, No.3, 2011.

[169] Hyukjoon K., Yongtae P. Structural effects of R&D Collaboration Network on Knowledge Diffusion Performance[J]. *Expert Systems with Application*, Vol. 36, No.5, 2009.

[170] Isagawa N. A Theory of Unwinding of Cross – Shareholding Under Managerial Entrenchment [J]. *Journal of Financial Research*, Vol. 30, No. 2, 2007. Ito T., "The Japanese Economy", *The MIT Press*, 1992.

[171] James R. Barth, Gerard Caprio J, Ross Levine. Bank Regulation and Supervision: What Works Best? [J]. *Journal of Financial Intermediation*, Vol. 13, No.2, 2004.

[172] Jeong H, Tombor B, Albert R, Oltvai ZN, Barabási AL. The Large – scale Organization of Metabolic Networks[J]. *Nature*, Vol. 407, No.6804, 2000.

[173] Jiang Z Q, Zhou W X. Complex Stock Trading Network among Investors [J]. *Physica A: Statistical Mechanics and its Applications*, Vol. 389, No. 21, 2010.

[174] Joskow P. Vertical Integration and Long Term Contracts: The Case of Coal – burning Electric Generating Plant [J]. *Journal of Law, Economics and Organization*, Vol. 33, No.1, 1985.

[175] Jun – Koo Kang, Kenneth A. Kim P. Kitsabunnarat – Chatjuthamard, Takeshi Nishikawa. The effects of bank relations on stock repurchases: Evidence from Japan[J]. *Journal of Financial Intermediation*, Vol. 21, No.1, 2011.

[176] Kim K, Kim S, Ha D. Characteristics of Networks in Financial Markets[J].

Computer Physics Communications, Vol. 177, No. 1 – 2, 2007.

[177] Klein B., Crawford R. G., Alchian A. A. Vertical Integration, Appropriable Rents and the Competitive Contracting Process[J]. *Journal of Law and Economics*, Vol. 21, No. 2, 1978.

[178] Krause A., Giansante S. Interbank Lending and the Spread of Bank Failures: A Network Model of Systemic Risk[J]. *Journal of Economic Behavior and Organization*, Vol. 83, No. 3, 2012.

[179] Kullmann L., Kertesz J., Mantegna R N. Identification of Clusters of Companies in Stock Indices via Potts Super – paramagnetic Transitions", *Physica A*, Vol. 287, No. 3, 2000.

[180] La Porta R, F. Lopez – de – Silanes, A. Shleifer. Corporate Ownership around the World[J]. *Journal of Finance*, Vol. 54, 1999.

[181] La Porta R, Lopez – de – Silanes F., Shleifer A., Visluly R. Investor Protection and Corporate Valuation[J]. *Journal of Finance*, Vol. 3, 2000.

[182] Latora V, Marchiori M. How the Science of Complex Networks can Help Developing Strategies Against Terrorism[J]. *Chaos, Solitons and Fractals*, Vol. 20, 2004.

[183] Lee K, Lee J, Hong B. Complex Networks in a Stock Market[J]. *Computer Physics Communications*, Vol. 177, No. 1 – 2, 2007.

[184] Lenzua S., Tedeschib G. Systemic Risk on Different Interbank Network Topologies[J]. *Physica A*, Vol. 391, No. 18, 2012.

[185] Li H, Zhang Y. The Role of Managers' Political Networking and Functional Experience in New Venture Performance: Evidence from China's Transition Economy[J]. *Strategic Management Journal*, Vol. 28, No. 8, 2007.

[186] Li j., Lelng – Bon Kim. Cross – corporate Ownership, Information Asymmetry and the Usefulness of Accounting Performance Measures in Japan[J]. *International Journal Accounting*, Vol. 35, No. 1, 2000.

[187] Liljeros F., Edling C. R., Amaral L. A. N. The Web of Human Sexual Contacts[J]. *Nature*, Vol. 411, No. 6840, 2001.

[188] Mantegna R N. Hierarchical Structure in Financial Markets[J]. *The European Physical Journal B*, Vol. 11, No. 1, 1999.

[189] Milgram S. The Small World Problem[J]. *Psychology Today*, Vol. 2, No. 1, 1967.

[190] Miyajima H., Kuroki F. The Unwinding of Cross - Shareholding in Japan: Causes, Effects, and Implications[J]. *SSRN Electronic Journal*, No. 5, 2005, DOI: 10.2139/ssrn.818346.

[191] Montoya J. M., Solé R V. Small World Patterns in Food Webs[J]. *Journal of Theoretical Biology*, Vol. 214, No. 3, 2002.

[192] Morck R., M. Nakamura. Banks and Corporate Control in Japan[J]. *The Journal of Finance*, Vol. 54, No. 1, 1999.

[193] Myeong - Hyeon C. Ownership Structure Investment and the Corporate Value: An Empirical Analysis[J]. *Journal of Financial Economics*, Vol. 47, 1998.

[194] Nakatani I. The Economic Role of Financial Corporate Grouping[M]. in M. Aoki (Ed.). *The Economic Analysis of the Japanese Firm*, North - Holland: Amsterdam, 1984.

[195] Newman M. E. J. Strogatz S. H., Watts D. J. Random Graphs with Arbitrary Degree Distributions and Their Applications[J]. *Physical Review E*, Vol. 64, No. 2, 2001.

[196] Newman M. E. J., Forrest S., Balthrop J. Email Networks and the Spread of Computer Viruses[J]. *Physical Review E*, Vol. 66, No. 3, 2002.

[197] Newman M. E. J. The Structure and Function of Complex Networks[J]. *SIAM Review*, Vol. 45, No. 2, 2003.

[198] Newman M. E. J., Park J. Why Social Networks are Different from Other Types of Networks[J]. *Physical Review E*, Vol. 68, No. 3, 2003.

[199] Nyberg S. Reciprocal Shareholding and Takeover Deterrence[J]. *International Journal of Industrial Organization*, Vol. 13, No. 3, 1995.

[200] Onnela J P, ChakrabortiA, Kaski K, Kertesz J, Kanto A. Asset Trees and Asset Graphs in Financial Markets[J]. *Physica Scripta*, Vol. T106, No. 1, 2003.

[201] Onnela J P, Chakraborti A, Kaski K, Kertesz J, Kanto A. Dynamics of Market Correlations: Taxonomy and Portfolio Analysis[J]. *Physical Review E*, Vol. 68, 2003.

[202] Onnela J P, Chakraborti A, Kaski K, Kertesz J. Dynamic Asset Trees and Black Monday[J]. *Physica A*, Vol. 324, No. 2, 2003.

[203] Onnela J P, Chakraborti A, Kaski K, Kertesz J. Dynamic Asset Trees and Portfolio Analysis [J]. *The European Physical Journal B*, Vol. 30, No. 3, 2002.

[204] Osano H., Intercorporate Shareholdings and Corporate Control in the Japanese Firm[J]. *Journal of Banking and Finance*, Vol. 20, No. 6, 1996.

[205] Pedersen H. Thomsen S. The Financial and Operating Performance of Europe Corporate[J]. . *Journal of Finance*, Vol. 52, 1999.

[206] Peng M W, Luo Y. Managerial Ties and Firm Performance in a Transition Economy: The Nature of a Micro – macro Link [J]. *The Academy of Management Journal*, Vol. 43, No. 3, 2000.

[207] Petre C. Characterizing emerging European Stock Markets through Complex Networks: From Local Properties to Self – similar Characteristics [J]. *Physica A: Statistical Mechanics and its Applications*, Vol. 391, No. 13, 2012.

[208] Price D. D. Networks of Scientific Papers[J]. *Science*, Vol. 149, No. 3683, 1965.

[209] Redner S. How popular is your paper? An Empirical Study of the Citation Distribution [J]. *European Physical Journal B – condensed Matter and Complex Systems*, No. 6, 1998, p. 131 – 134.

[210] Santos A. C., Rumble S. The American Keiretsu and Universal Banks: Investing, Voting and Sitting on Nonfinancials' Corporate Boards[J]. *Journal of Financial Economics*, Vol. 80, No. 2, 2006.

[211] Schonharting J, Alexander S, Andre F. Towards the Multimodal Transport of People and Freight: Inter – connective Networks in the RheinRuhr Metropolis[J]. *Journal of Transport Geography*, Vol. 11, No. 3, 2003.

[212] Sheard P. Interlocking Shareholdings and Corporate Govemancep[M]. in AokiM, and R. Dore, eds. *the Japanese Firm: the Sources of Competitive Strength*, London: Oxford University Press, 1994, p. 132 – 143.

[213] Sinha R. Company Cross – holdings and Investment Analysis[J]. *Financial Analysts Journal*, Vol. 54, No. 5, 1998.

[214] Stefancic H., Zlatic V. Winner Takes It All": Strongest Node Rule for Evolution of Scale-free Networks[J]. *Phys. Rev. E. Stat. Nonlin. Soft Matter. Phys*, Vol. 72, No. 3, 2005.

[215] Strogatz S. H. Exploring Complex Networks[J]. *Nature*, Vol. 410, No. 6825, 2001.

[216] Sultomsanee S, Radhakrishnan S, Falco D, Zeid A, Kamarthi S. Phase Synchronization Approach to Construction and Analysis of Stock Correlation Network [J]. *Procedia Computer Science*, Vol. 6, 2011.

[217] Taylor P. J. Is the UK Big Enough for Both London and England[J]. *Environment and Planning*, No. 29, 1997, p. 766-770.

[218] Taylor P. J., Hoyler, M. The Spatial Order of European Cities under Conditions of Contemporary Globalization[J]. *Tijdschrift Voor Economische en Social Geography*, Vol. 91, No. 2, 2000.

[219] Thomas Y C, Kevin J D, Manus R. Supply Networks and Complex Adaptive Systems: Control versus Emergence [J]. *Journal of Operations Management*, Vol. 19, No. 3, 2001.

[220] Tsai W. Knowledge Transfer in Intra-organizational Network: Effects of Network Position and Absorptive Capacity on Business Unit Innovation and Performance[J]. *The Academy of Management Journal*, Vol. 44, No. 5, 2001.

[221] Upper C. Simulation Methods to Assess the Danger of Contagion in interbank markets[J]. *Journal of Financial Stability*, Vol. 7, No. 3, 2011.

[222] Uzzi B. Embeddedness in the Making of Financial Capital: How Social Relations and Networks Benefit Firms Seeking Financing[J]. *American Sociological Review*, Vol. 64, No. 4, 1999.

[223] Wagner A., Fell D. The Small World Inside Large Metabolic Networks [J]. *Proceedings of the Royal Society*, No. 268, 2001, p. 1803-1810.

[224] Wasserman S., Faust, K. *Social Network Analysis: Methods and Applications*[M]. NY: Cambridge University Press, 1994.

[225] Watts D. J., Strogatz S. H. Collective Dynamics of 'Small-world' Networks[J]. *Nature*, Vol. 393, No. 6684, 1998.

[226] Werner G., Nikos N., Normann H. Vertical Cross-shareholding

Theory and Experimental Evidence [J]. *International Journal of Industrial Organization*, Vol. 25, No. 1, 2007.

[227] Williamson O. E. Transaction – cost Economics: The Governance of Contractual Relations[J]. *Journal of Law and Economics*, Vol. 22, No. 2, 1979.

[228] Yang J, Lu P, Xie W. On Competitive Relationship Networks: a New Method for Industrial Competition Analysis[J]. *Physica A*, Vol. 382, No. 2, 2007.

[229] Zaheer A., Bell G G. Benefiting from Network Position: Firm Capabilities, Structural Holes, and Performance[J]. *Strategic Management Journal*, Vol. 26, No. 9, 2005.

[230] Zhou W, Jiang Z, Didier S. Exploring Self – similarity of Complex Cellular Networks: the Edge Covering Method with Simulated Annealing and Log Periodic Sampling[J]. *Physica A*, Vol. 375, No. 2, 2007.